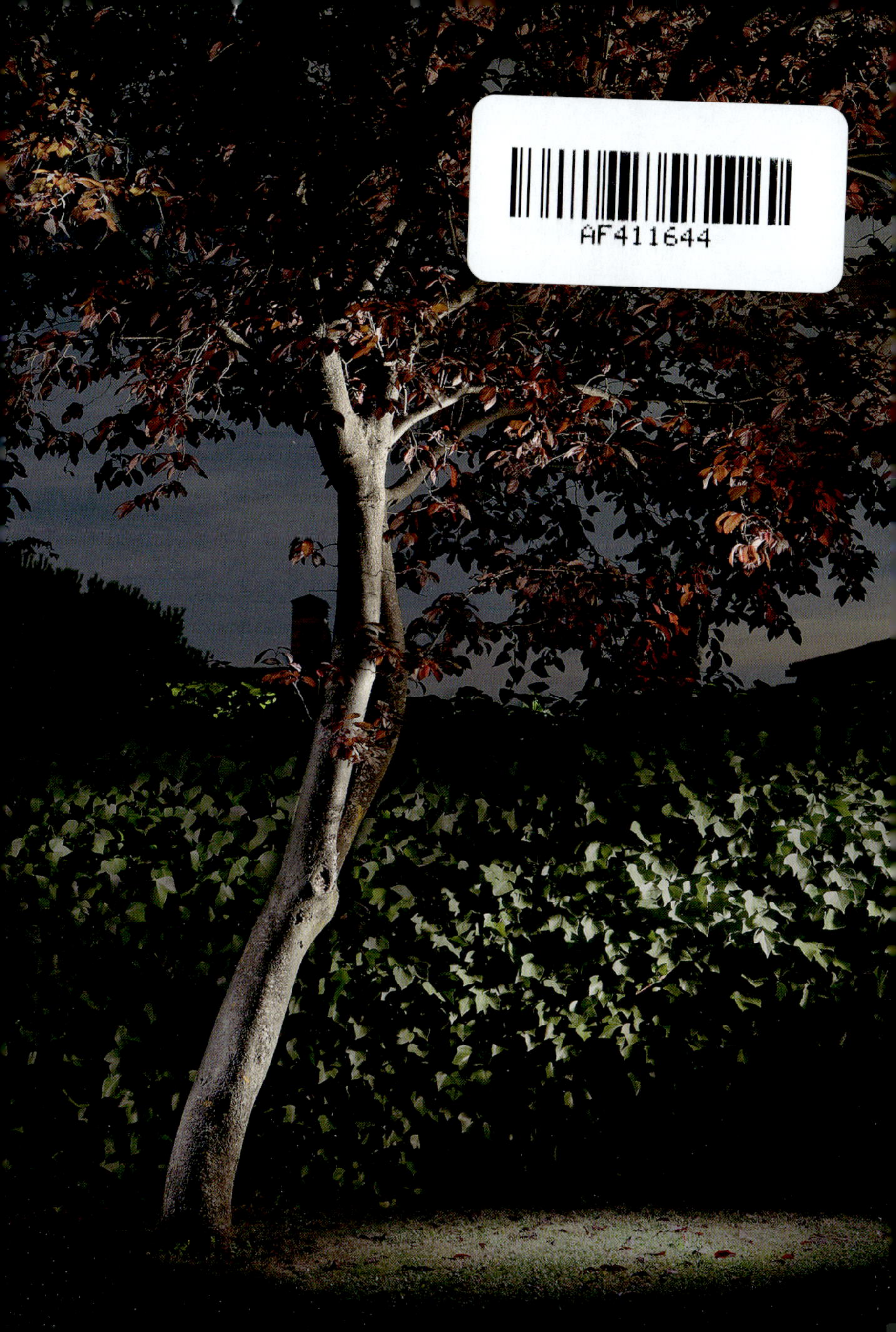

AF411644

Biblioteca PHotoBolsillo

Chema Conesa

PHoto**Bolsillo**   LA FABRICA

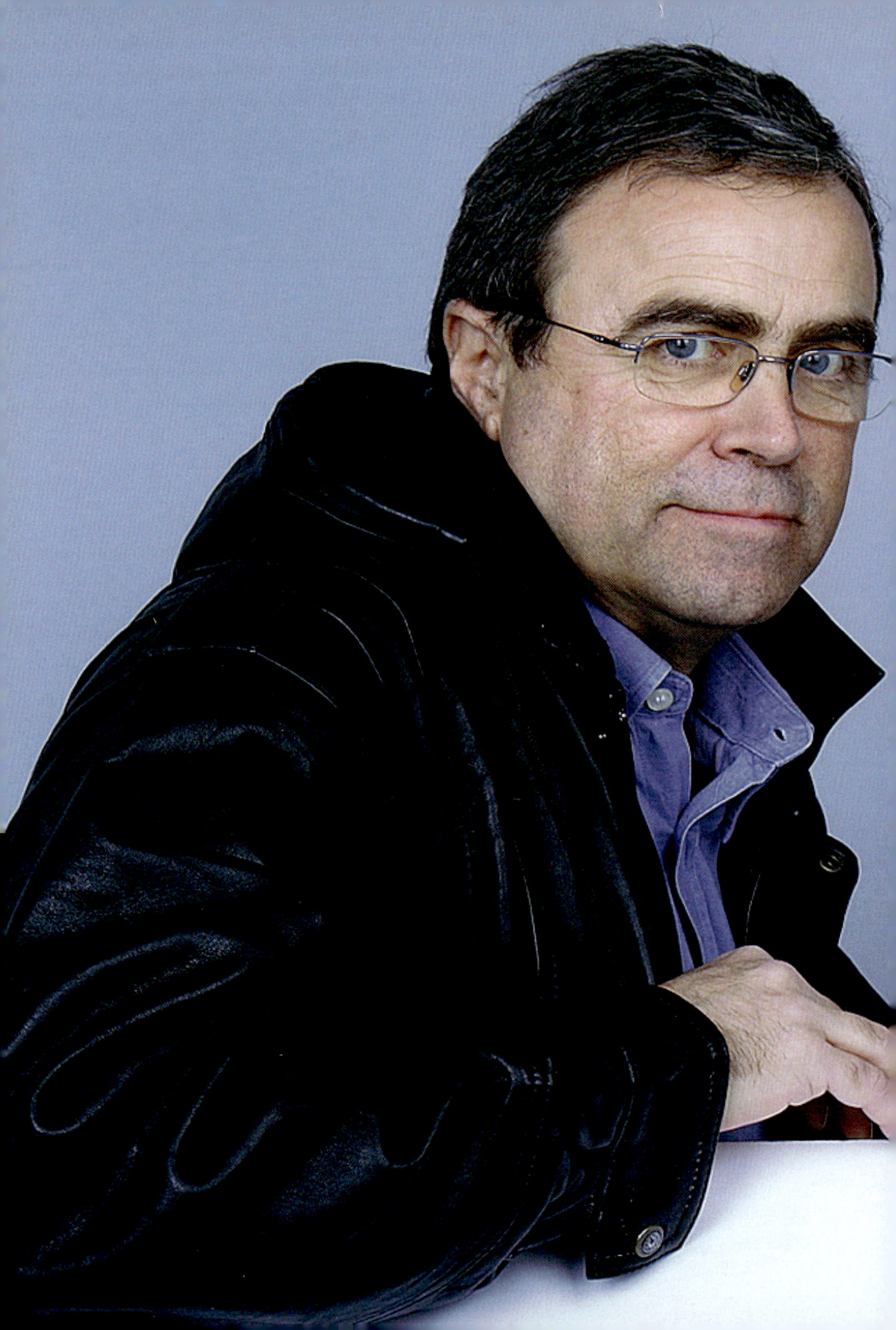

Chema Conesa
La presencia fantasmal del elefante

Rosa Montero

Cuando un cantaor o un bailaor flamenco es verdaderamente bueno, la gente dice de él que tiene *pellizco*, una expresión elocuente y plástica que siempre me ha encantado. Todo arte es en efecto eso, el intento de pellizcar una realidad mucho más grande que nosotros, una verdad tan enorme que no puedes agarrarla ni abarcarla. Como mucho, puedes pellizcarla; puedes intentar atrapar una brizna de esa sustancia colosal entre los dedos. El arte, en fin, es tocar lo intocable y ver lo invisible. El arte es ser una hormiga capaz de intuir la presencia de un elefante.

La fotografía es un soporte expresivo relativamente nuevo, y todavía hay gente que discute hasta qué punto una foto puede ser o no una obra de arte. Aunque en realidad lo que está en cuestión en estos momentos es el concepto mismo del arte contemporáneo. Por ejemplo, las penosas vacas en formol de Damien Hirst, ¿son arte? ¿O es el hecho de que alguien haya pagado por ellas la escalofriante cantidad de trece millones de euros lo que las convierte en un *respetable objeto artístico*? ¿Es el arte hoy una burbuja financiera más, una convención puramente mercantil, una pompa vacía, algo así como Madoff en versión pedantísima?

Volvamos al principio. Al arte como necesidad básica del ser humano. La necesidad de expresarnos, de comunicarnos, de trascender nuestras pequeñas vidas y nuestras pequeñas muertes. El arte como anhelo de buscar el sentido del sinsentido. He hablado antes de ver lo invisible. Un verdadero artista agranda la realidad. Con sus antenas de hormiga, capta cosas que los demás ni olemos. Abran este libro, miren estas fotos. Fíjense, por ejemplo, en los cielos de Conesa. Hay pocos cielos en este volumen, que está más centrado en la figura humana; pero los pocos que hay son inolvidables. Son cielos del principio del mundo, o del final. El aire de Conesa está hecho de tiempo. De minutos que tictaquean, de vidas que se abren y se cierran en silencioso tumulto. Eso también se advierte en sus retratos; en las arrugas casi tangibles, en blandura de la piel, en la sombra y el temblor de las pestañas. Observo los retratos de Chema Conesa y me parece que de un momento a otro va a empezar a pasar ante mis ojos la existencia entera del personaje, como en uno de esos documentales acelerados que permiten ver en un santiamén cómo nace, crece y se pudre una planta. El misterio mismo de la vida. Miren este libro despacio, foto a foto, página a página. Estoy segura de que notarán que hay algo profundo que late por ahí abajo, un río subterráneo de sentido. Como si el libro estuviera a punto de desvelarnos algo esencial, un secreto que sin duda nos atañe, la presencia fantasmal del elefante. Esto sin duda es arte.

Conozco a Chema Conesa desde hace más de treinta años. Fuimos *pareja de hecho* profesional para el diario *El País*, él de fotógrafo, yo de *plumilla*. Hemos realizado decenas de reportajes y entrevistas. Hemos estado en el Polo Norte con los inuits y en París

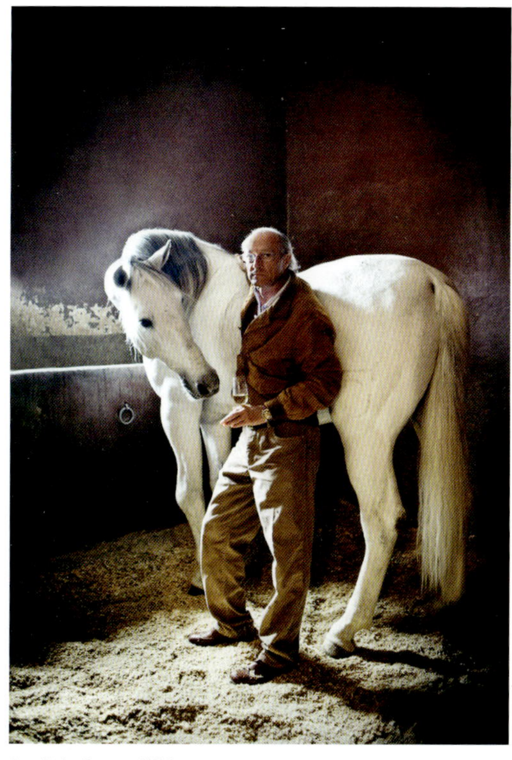

Juan Pedro Domecq, 2008

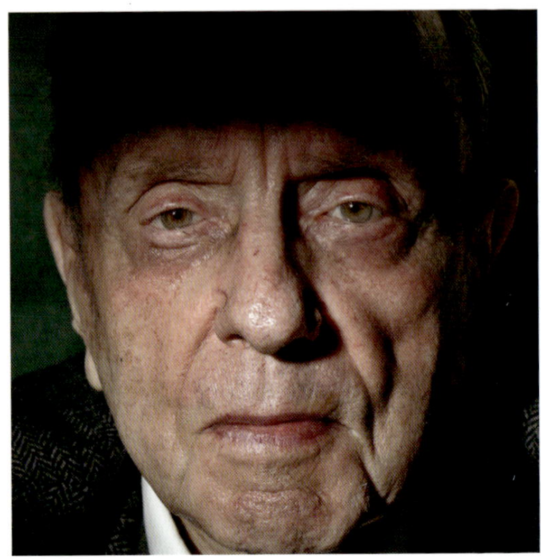

Manuel Fraga Iribarne. Madrid, 2011

con el ayatolá Jomeini. Creo que he viajado más con él que con ninguna otra persona de mi vida, incluyendo a mi marido. Nos hemos peleado muchísimo. Sufrimos juntos un accidente de coche y en otra ocasión nos salvamos de milagro de una catástrofe aérea. Quiero decir que tenemos un pasado. Hemos crecido juntos y ahora estamos envejeciendo juntos. Es mi hermano querido.

Siempre fue un fotógrafo de prensa distinto, una persona singular. Siempre tuvo una mirada propia que, con el tiempo, fue desarrollando y afinando. Pundonoroso y perfeccionista hasta rozar la obsesión, Chema es al mismo tiempo intuitivo y racional, una combinación estupenda para un artista. Es un hombre capaz de estarse horas, quizá días, pensando cómo hacer una determinada foto. Pero también puede *ver* la foto al pasar, en un segundo, como quien ve el rayo de sol que rompe fugazmente un techo de nubes. Yo he estado allí, con él, en muchas de sus sesiones de trabajo. He estado incluso sosteniéndole un foco, o el fotómetro, o el paraguas en el que hacía rebotar el flash. Quiero decir que yo participaba de la misma escena, de la misma perspectiva, de un paisaje idéntico.

Pero luego, al ver sus fotos, siempre me quedaba pasmada: ¿de dónde salía eso que él había logrado atrapar? ¿Dónde estaban ese subtexto emocional, esa hondura espacial, esa textura temporal que yo no había sabido advertir? Para mí, Chema Conesa siempre fue como Supermán: tiene rayos equis en los ojos.

Como le conozco bien, sé que habrá sentido cierta incomodidad al verse calificado de artista. Chema es de una modestia encantadora, sí, pero sobre todo patológica. El eficiente empeño que ha puesto toda su vida en no hacerse valer en absoluto puede haber logrado que su espléndida obra no haya sido estimada como es debido. Hasta ahora. Debo decir que incluso yo misma, que le sigo y le admiro desde hace décadas, me he quedado asombrada al ver este libro. Por primera vez he podido apreciar en toda su extensión la increíble coherencia artística de los trabajos de Chema Conesa, su poder expresivo, su constante belleza. Son imágenes dotadas de algo más, de un trasfondo complejo y tembloroso. No es un libro de fotos más o menos bonitas: es una versión del mundo. Un pellizco arrancado de la enorme vida.

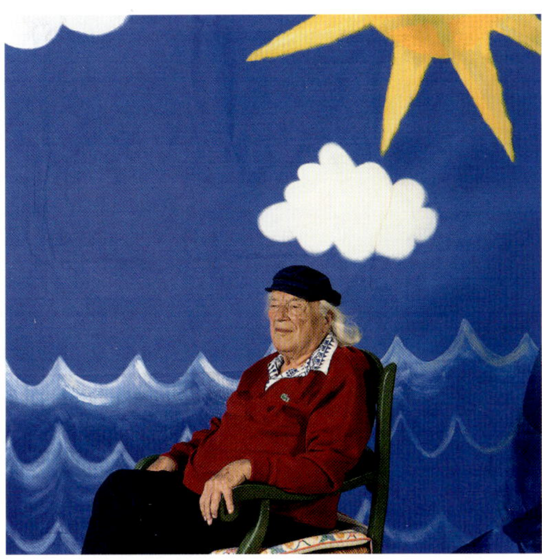

Rafael Alberti. Cádiz, 1996

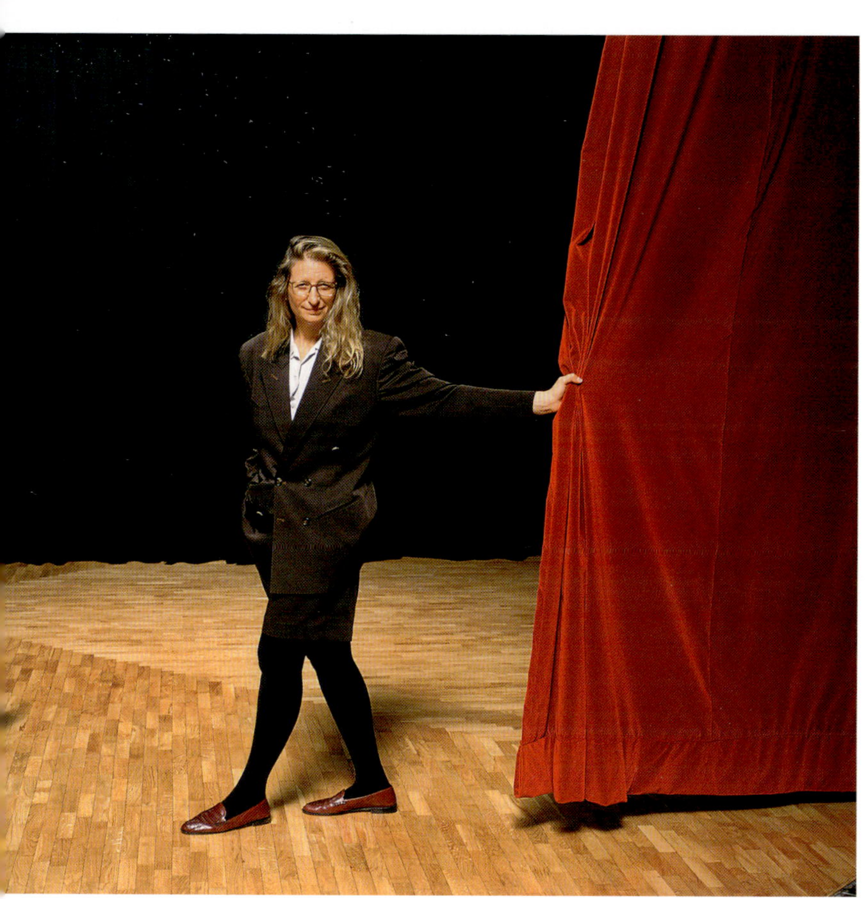

. Annie Leibovitz. Madrid, 1992

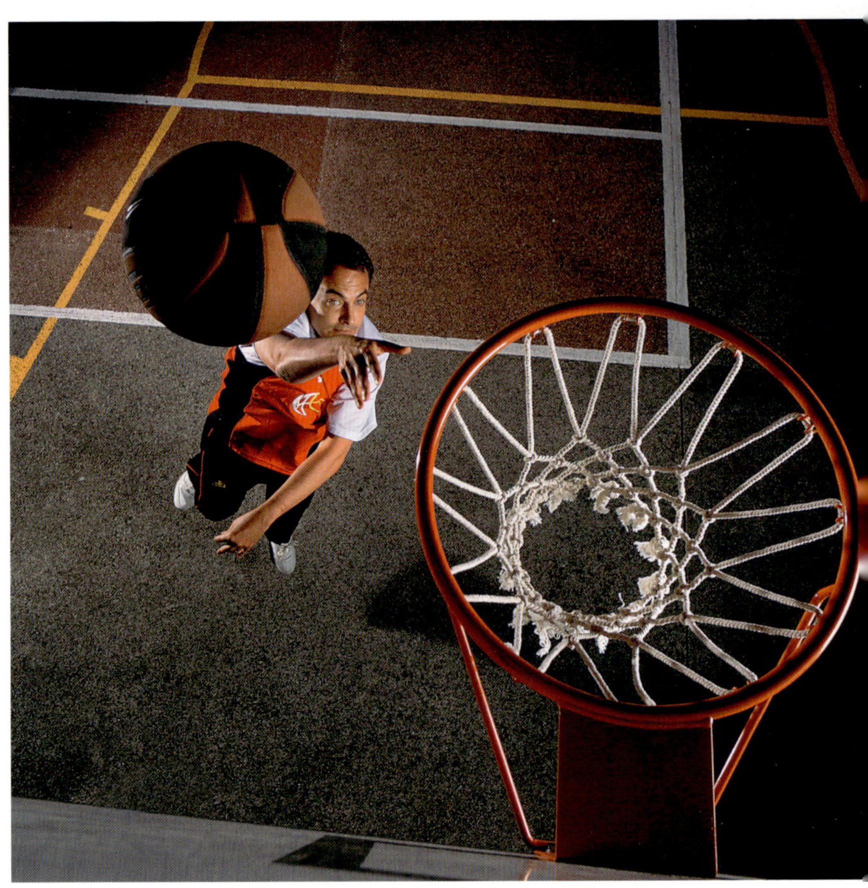

02. Zapatero. La Moncloa, 2004

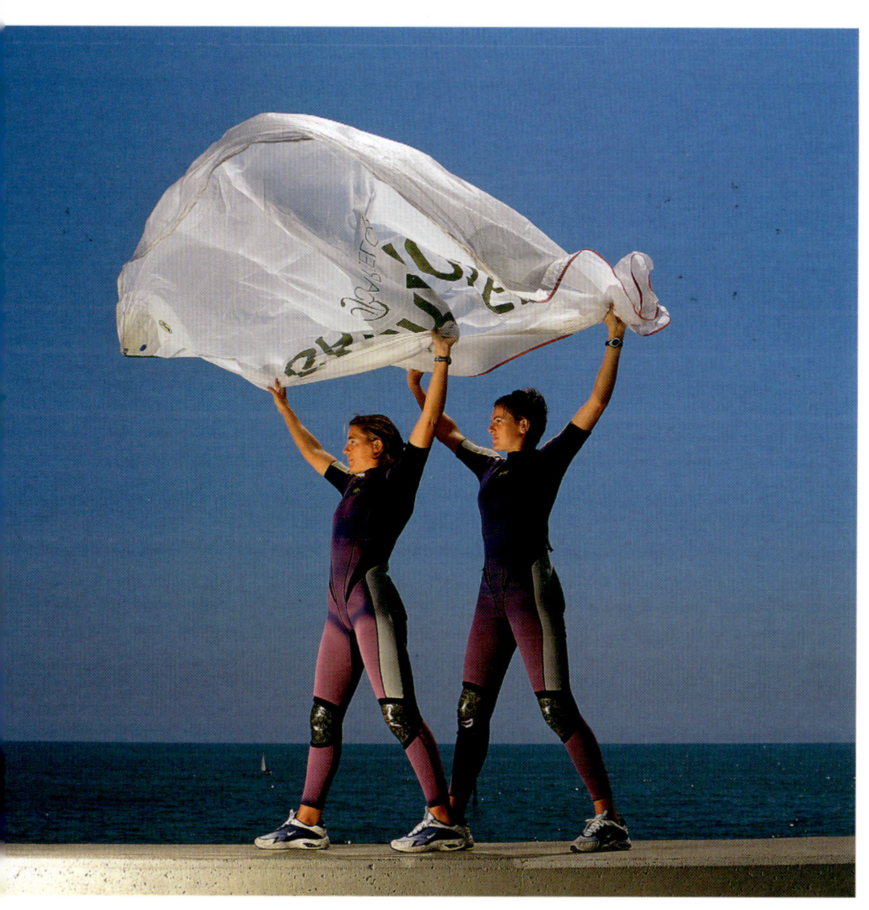

3. Sandra Azón y Natalia Vía-Dufresne. Vela clase 470. Juegos Olímpicos de Sydney, 2000

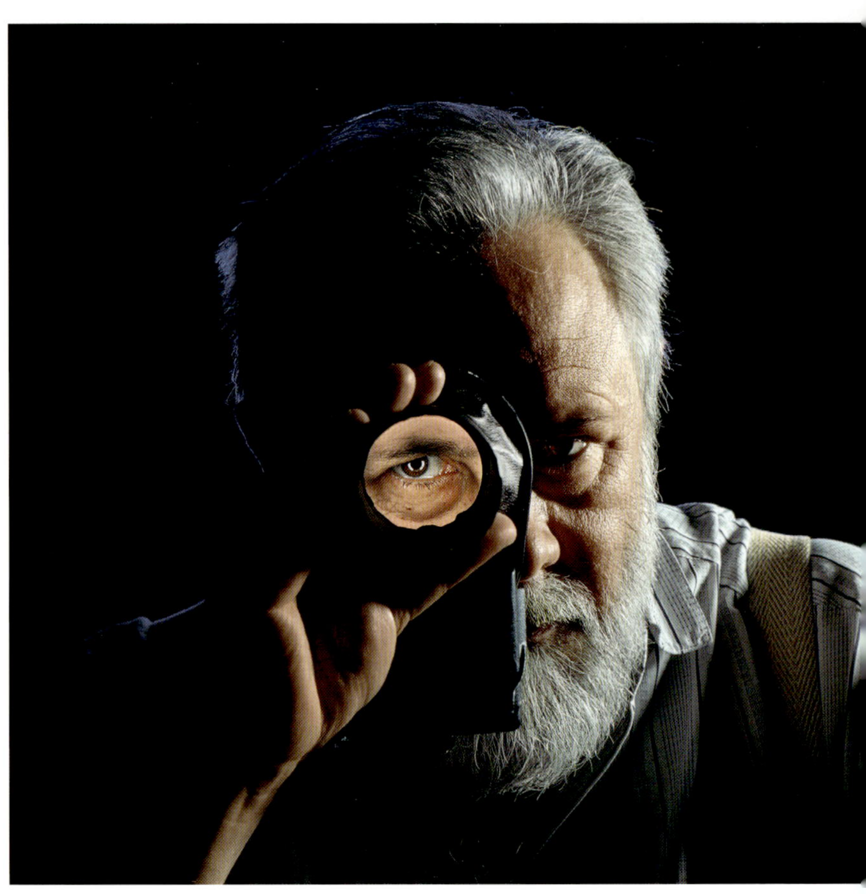

04. Gonzalo Suárez. Madrid, 1989

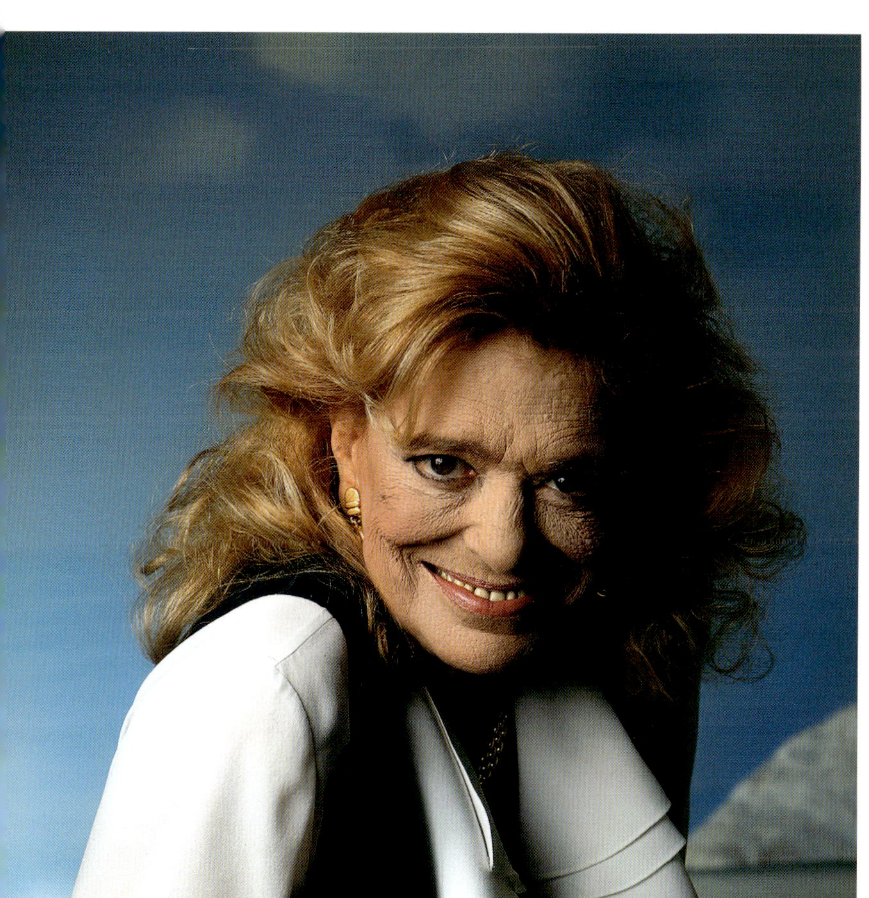

5. Melina Mercouri. Atenas, 1993

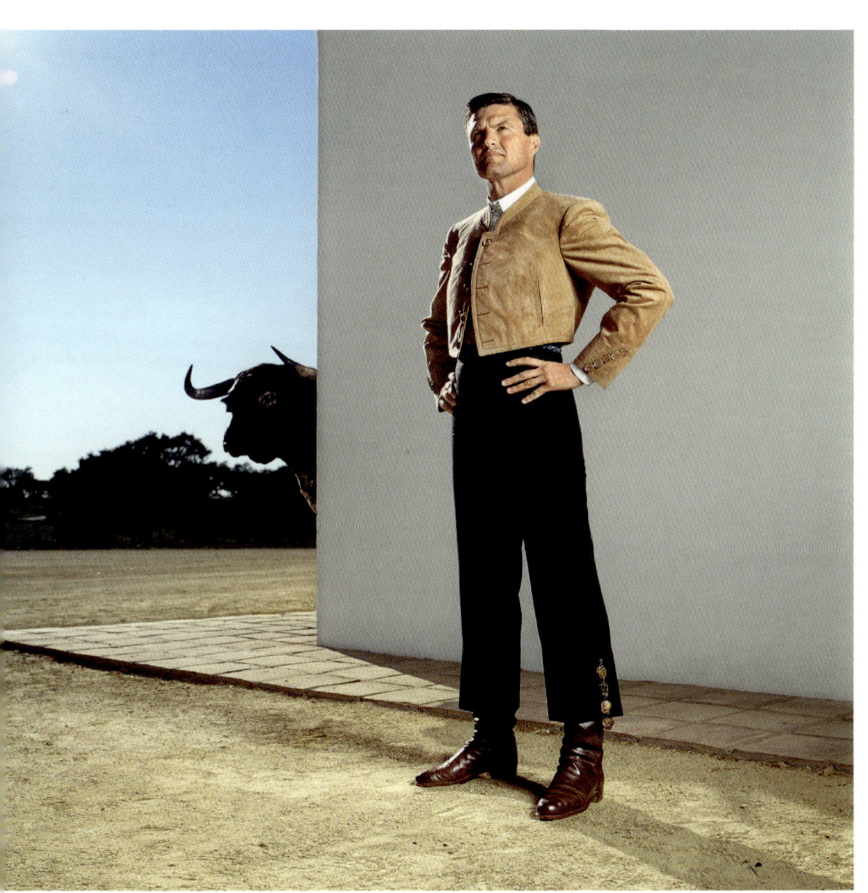

5. Espartaco. Constantina, Sevilla, 1998

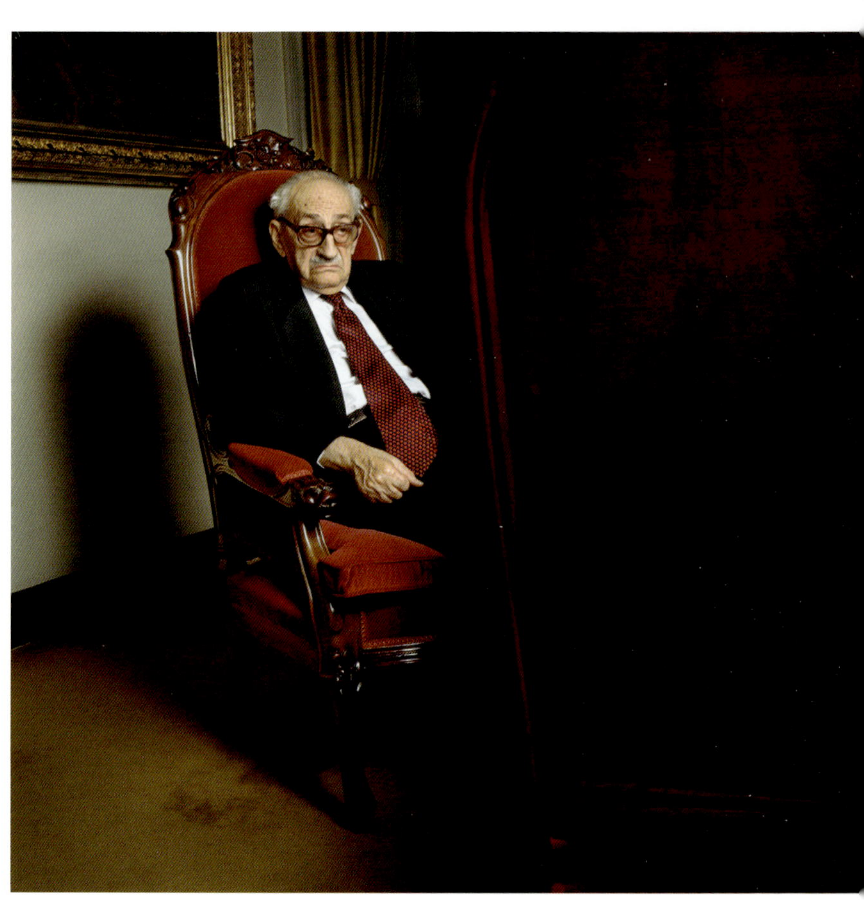

07. Gutiérrez Mellado. Madrid, 1994

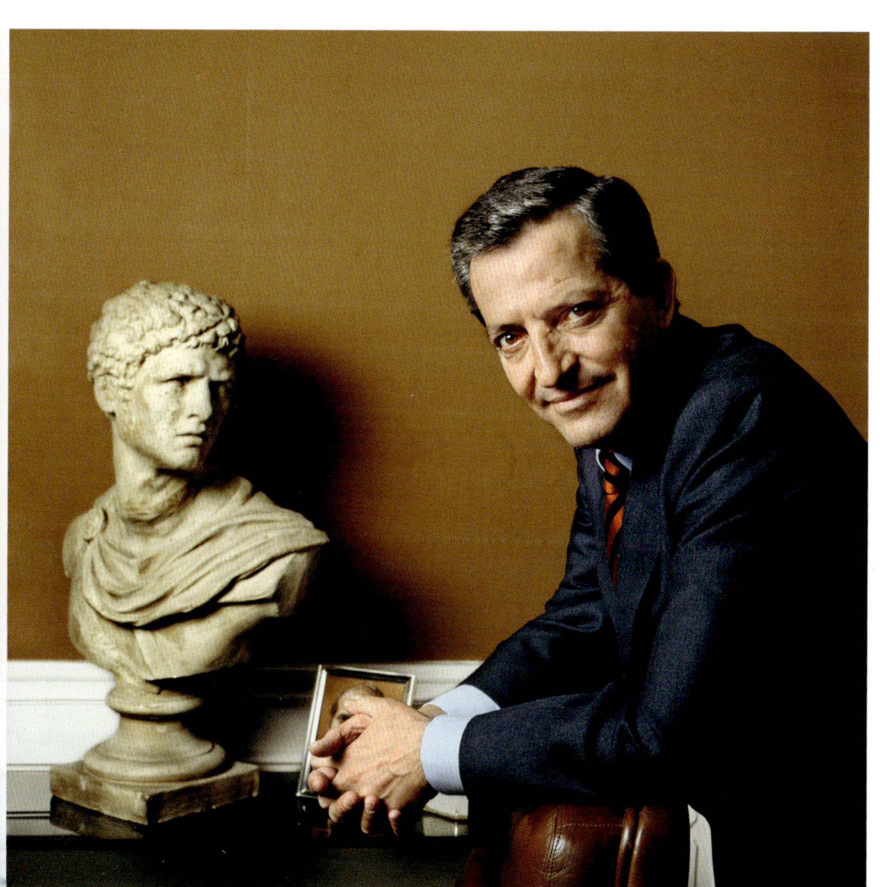

08. Adolfo Suárez. Madrid, 1991

09. Felipe González. Palacio de la Moncloa, 1993

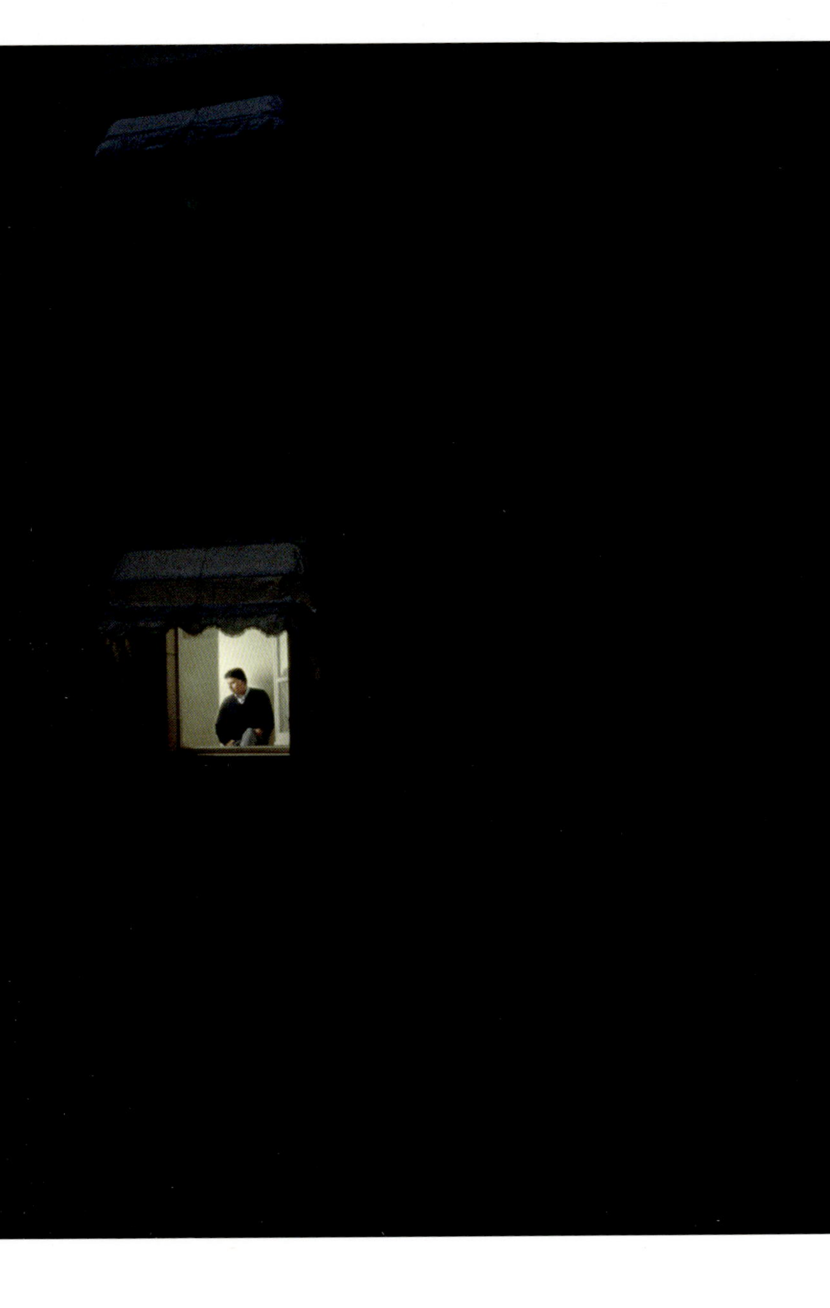

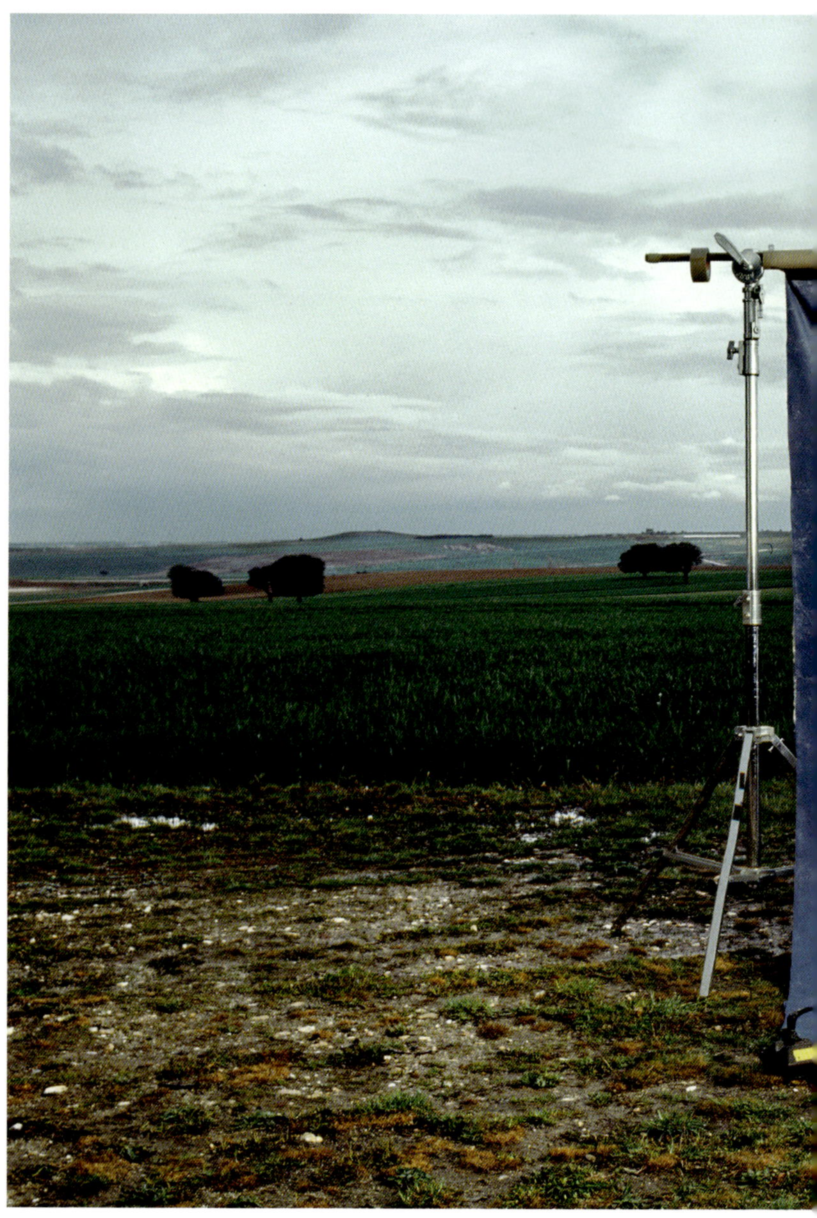

10. José María Aznar. Salvadiós, Ávila, 1993

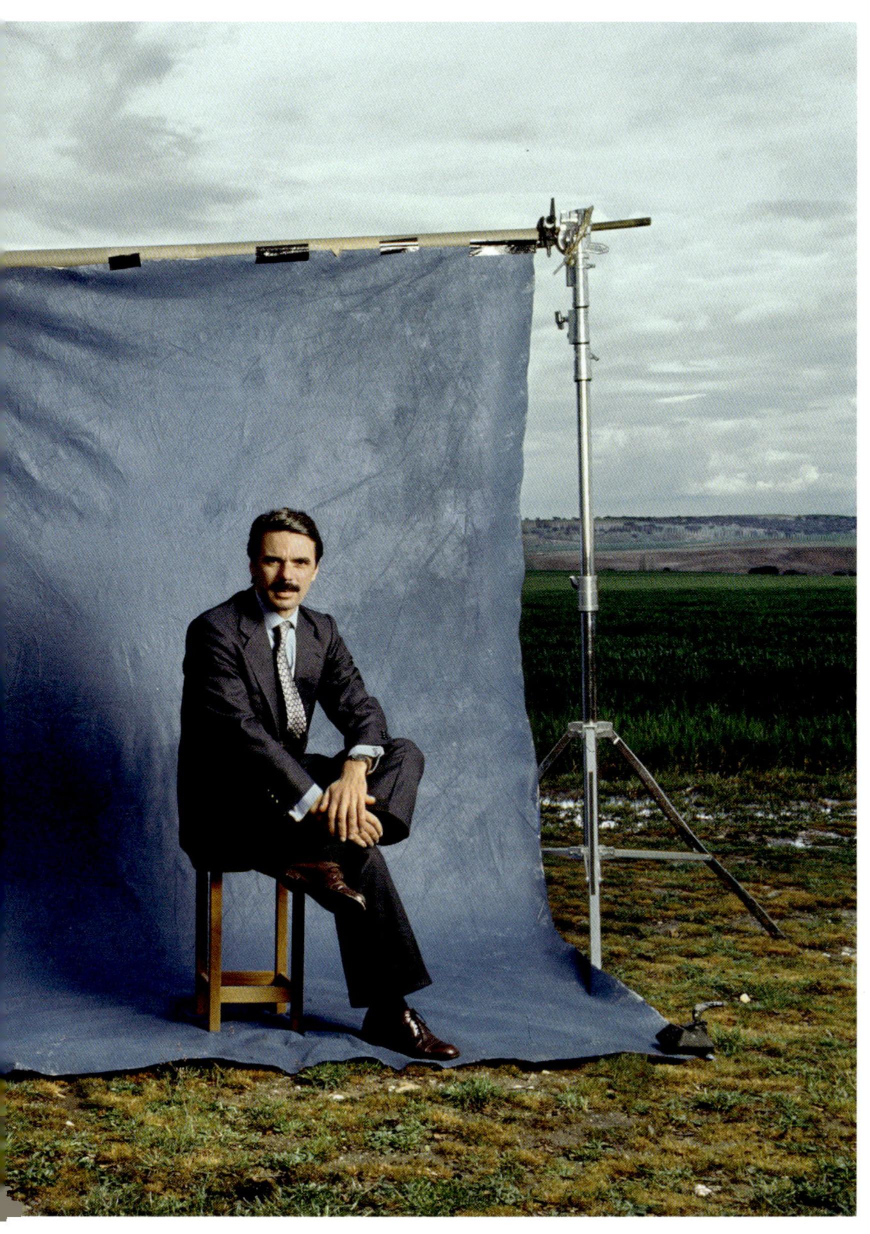

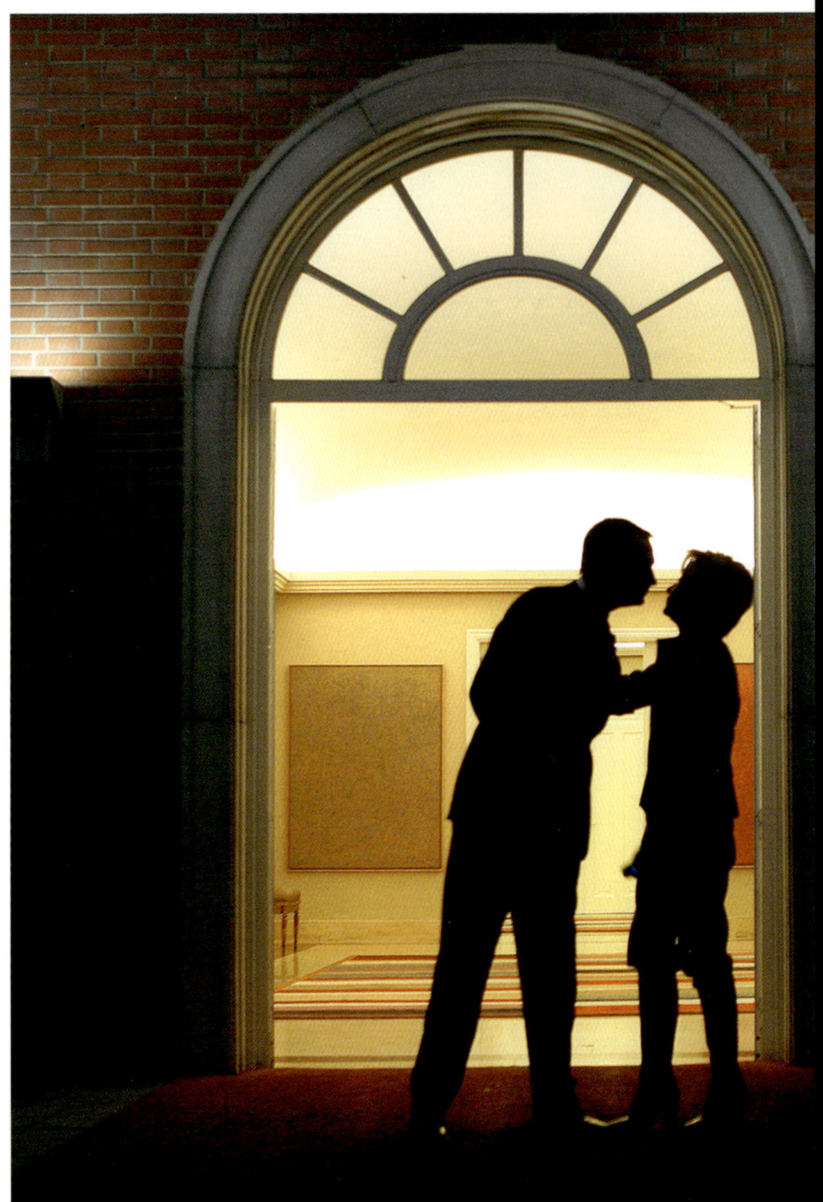

11. Zapatero y De la Vega en la Moncloa. Madrid, 2008

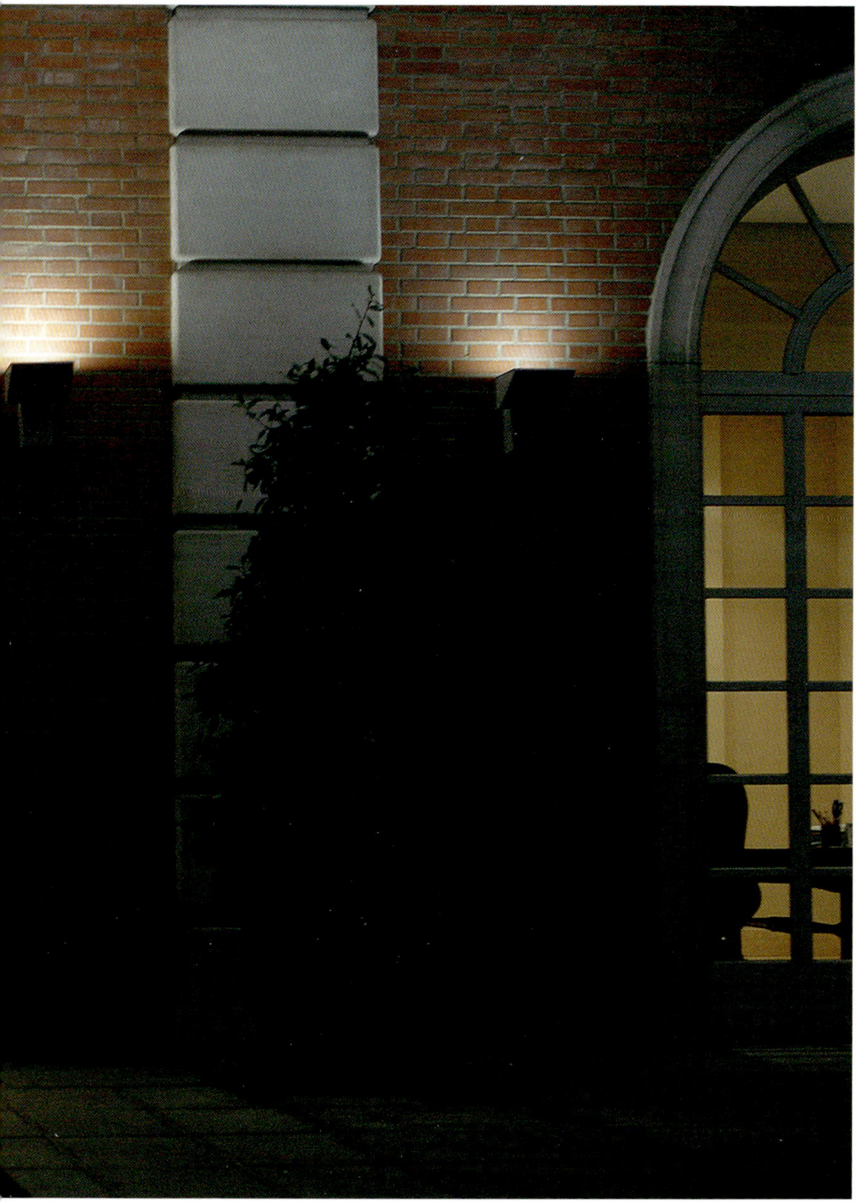

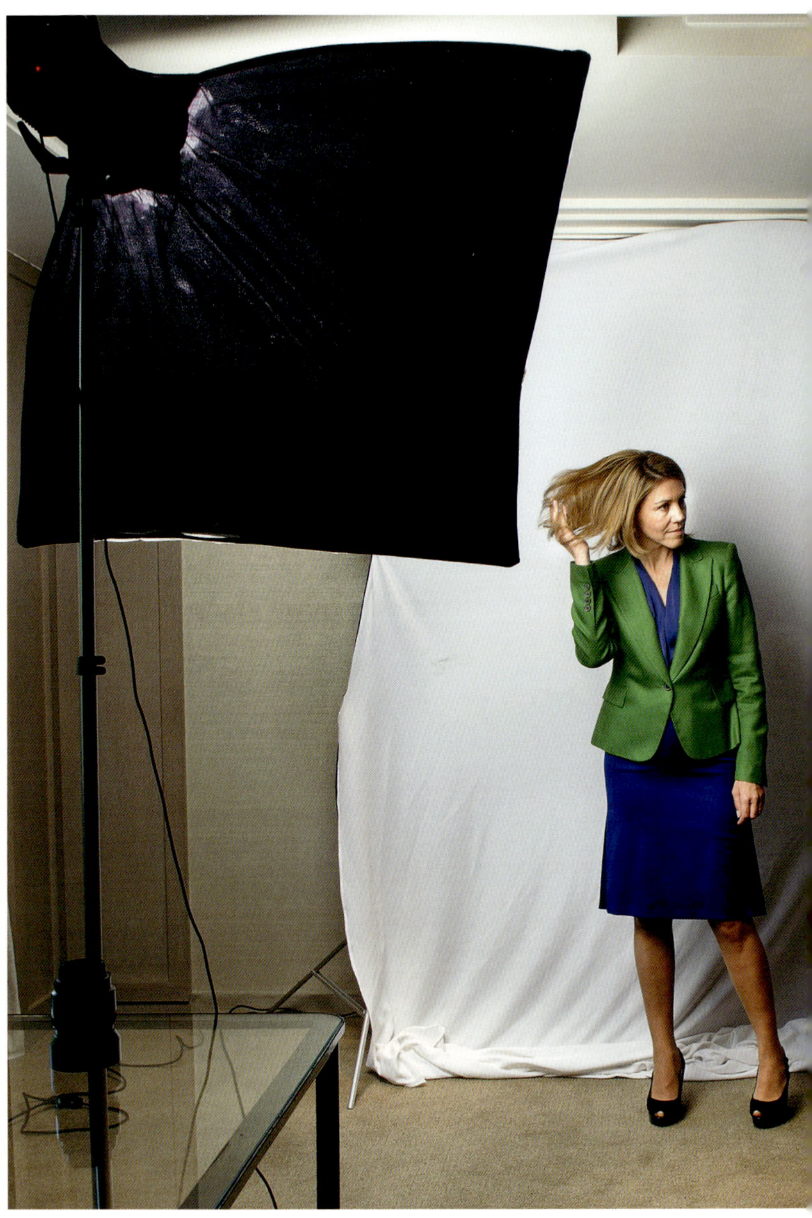

12. María Dolores de Cospedal. Madrid, 2011

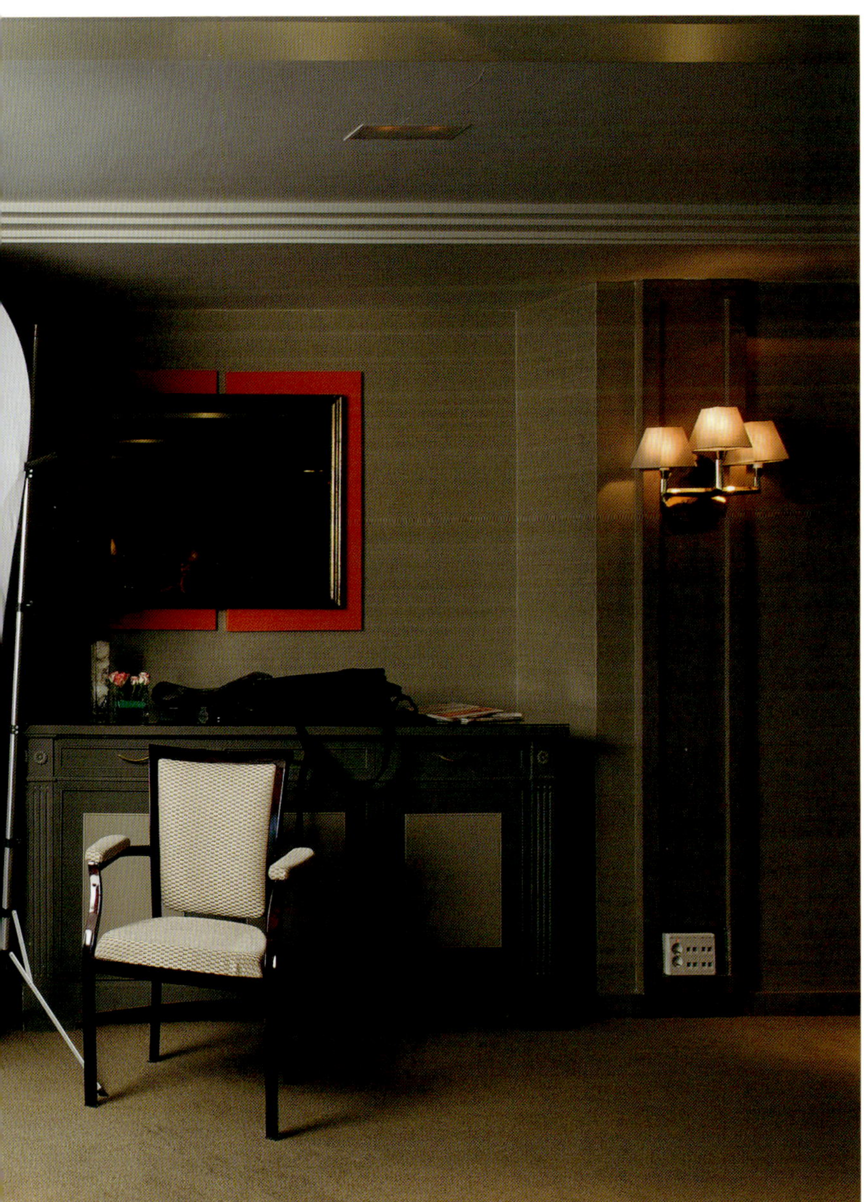

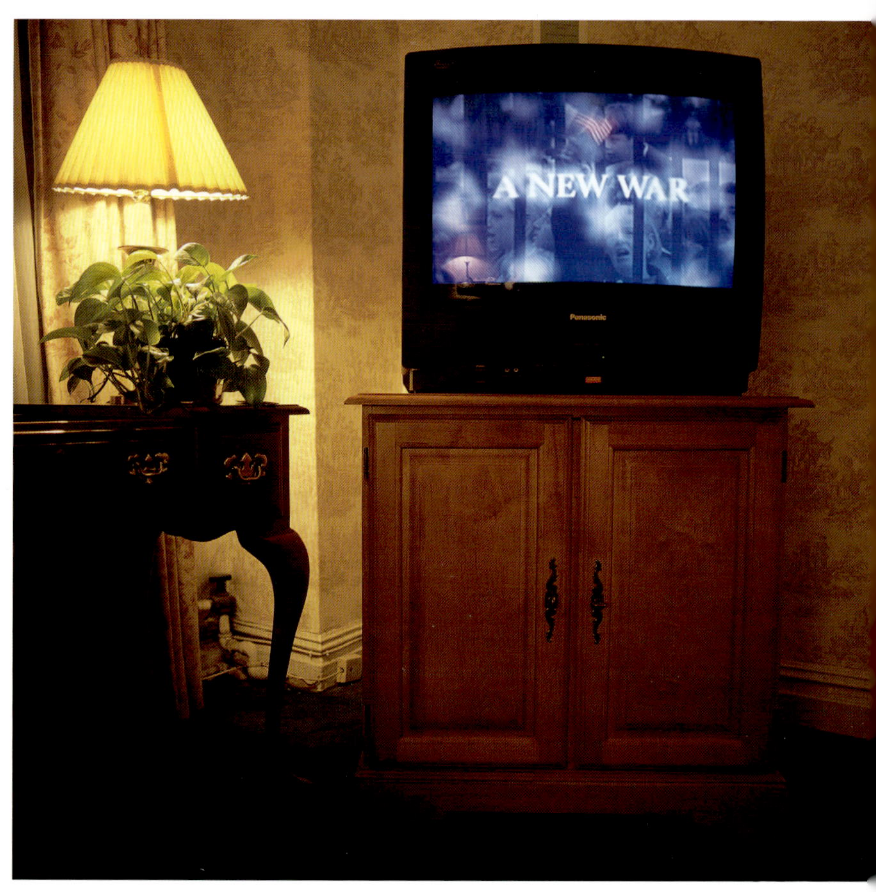

13. Hotel Roger Rabbit, Nueva York, 2001

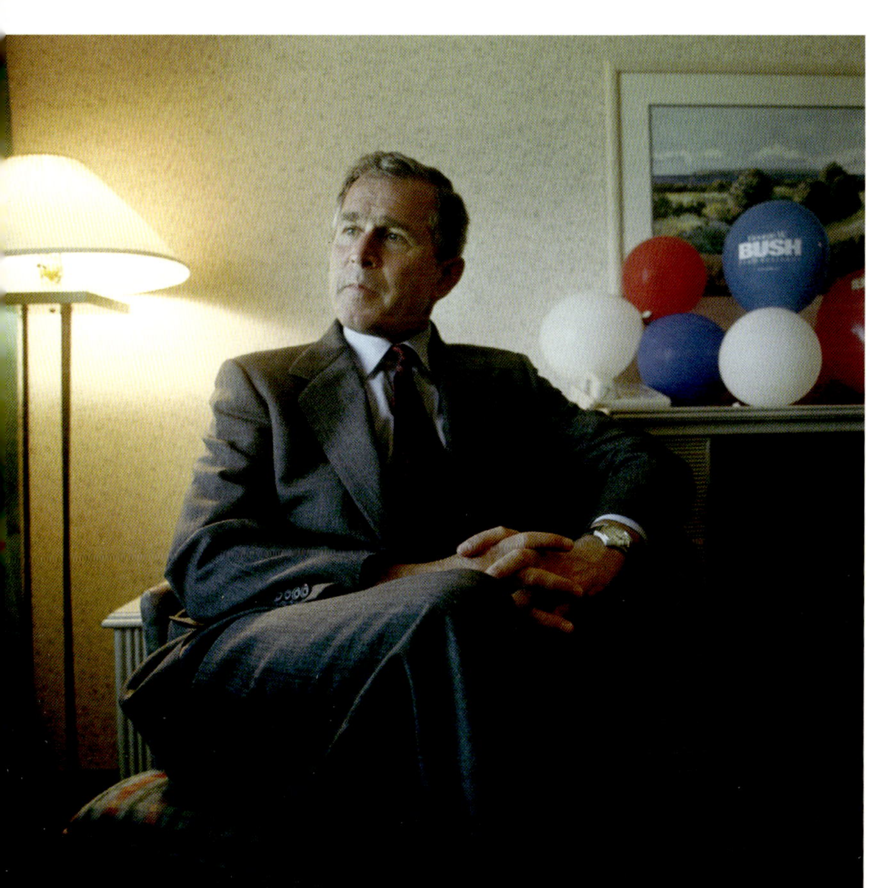

14. George W. Bush. Bakersfield, California, 1999

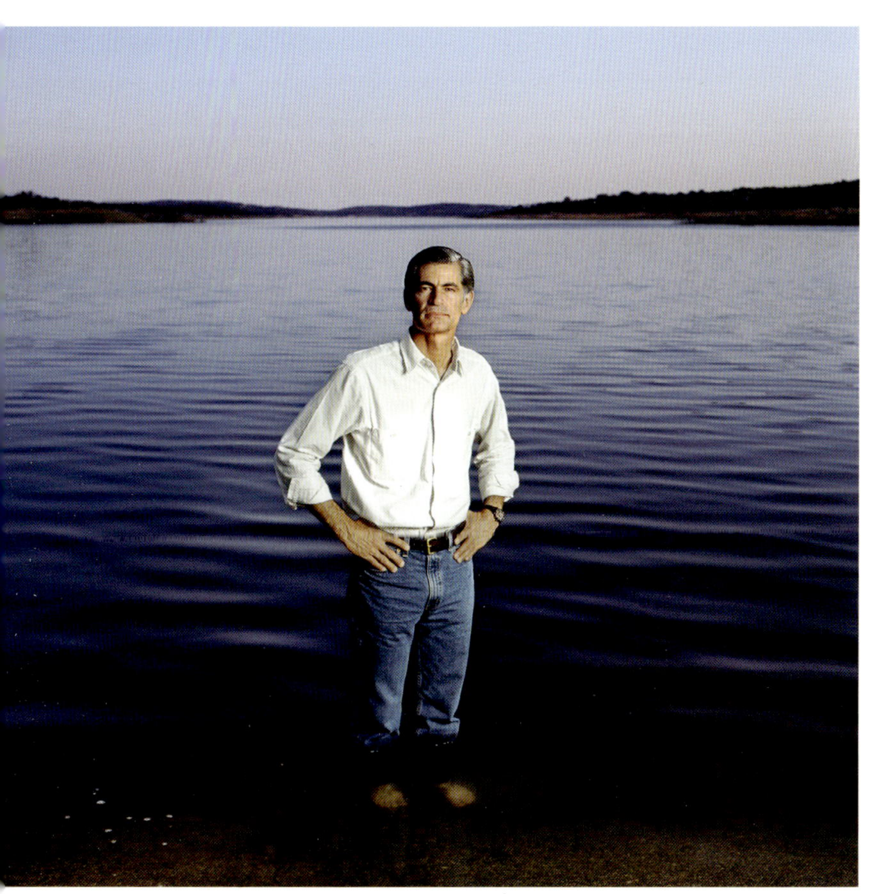

5. James Nachtwey. Madrid, 1995

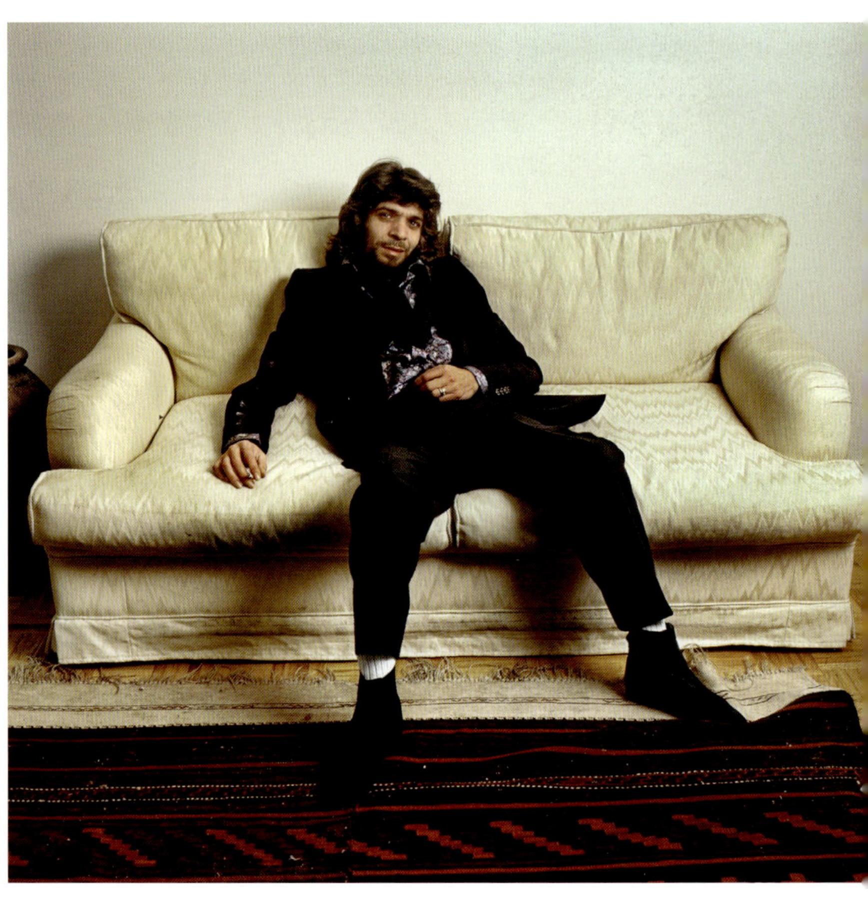

16. Camarón de la Isla. Madrid, 1986

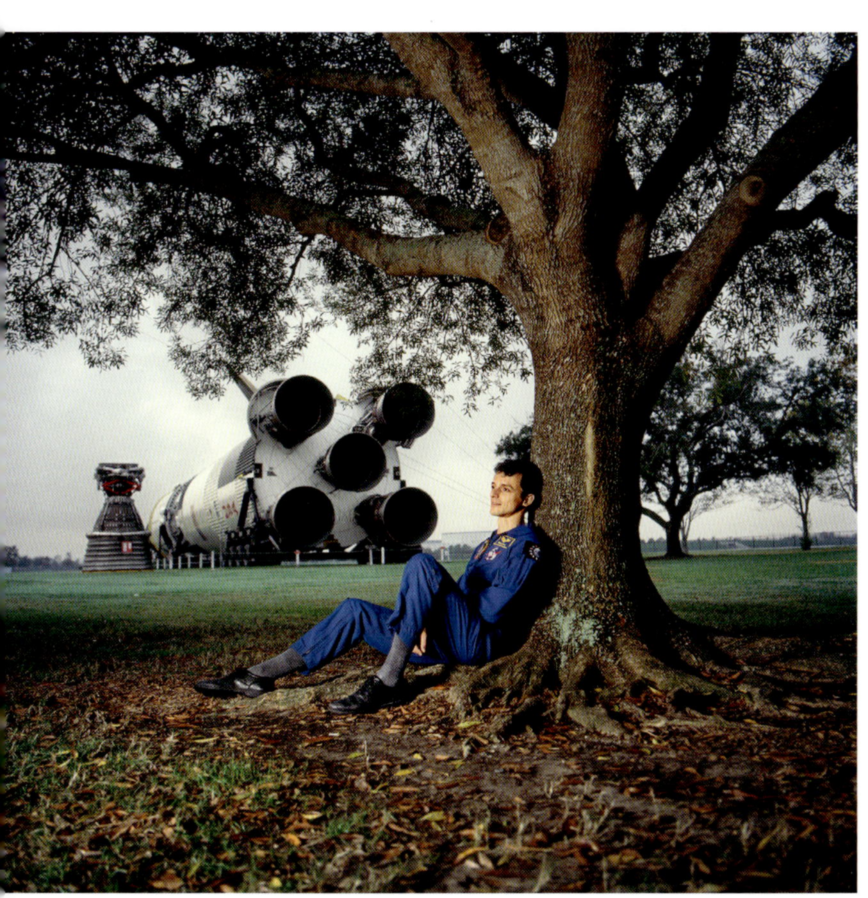

7. Pedro Duque. Houston, Texas, 1998

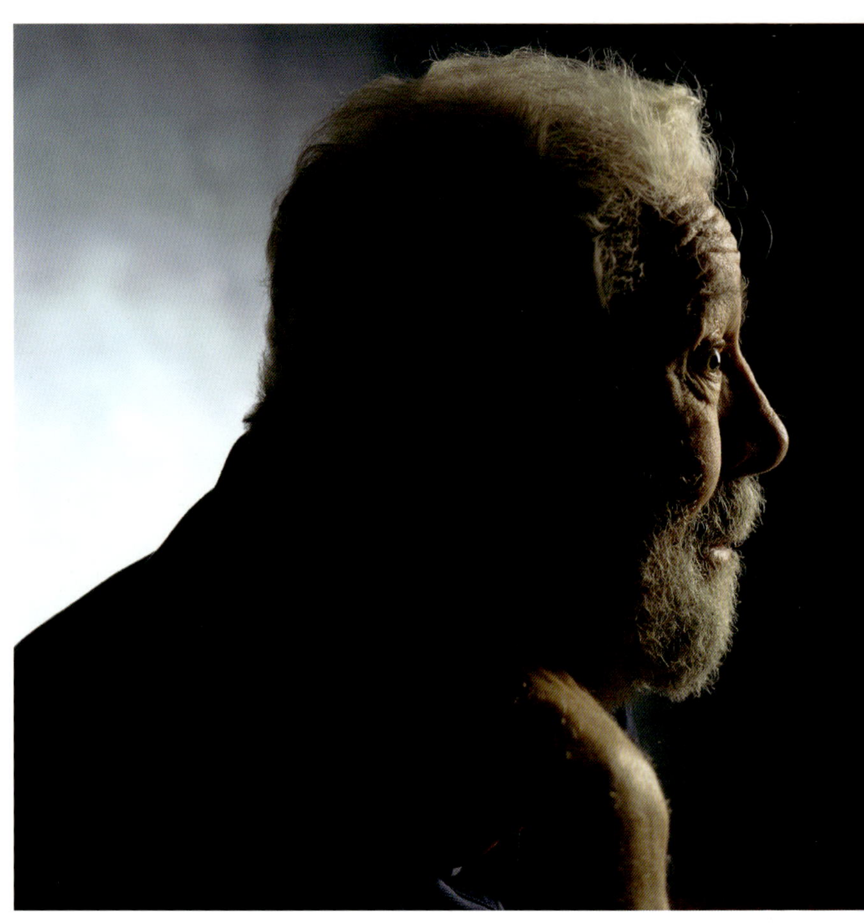

18. Luis García Berlanga. Madrid, 1999

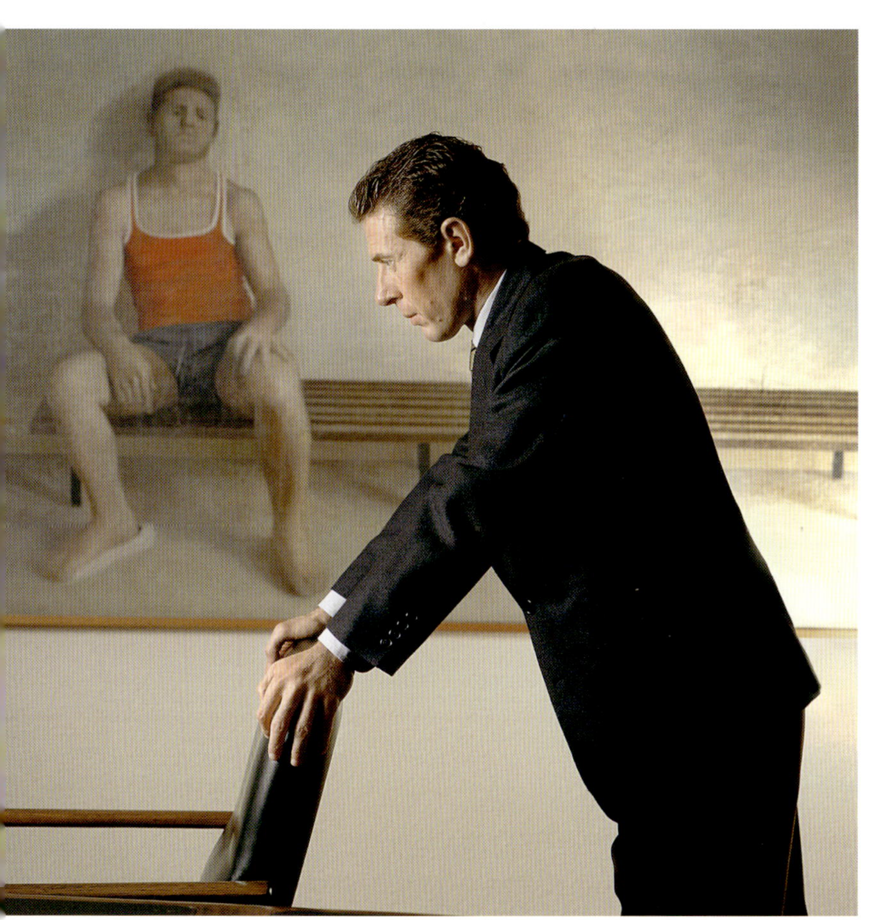

9. Emilio Butragueño. Madrid, 1998

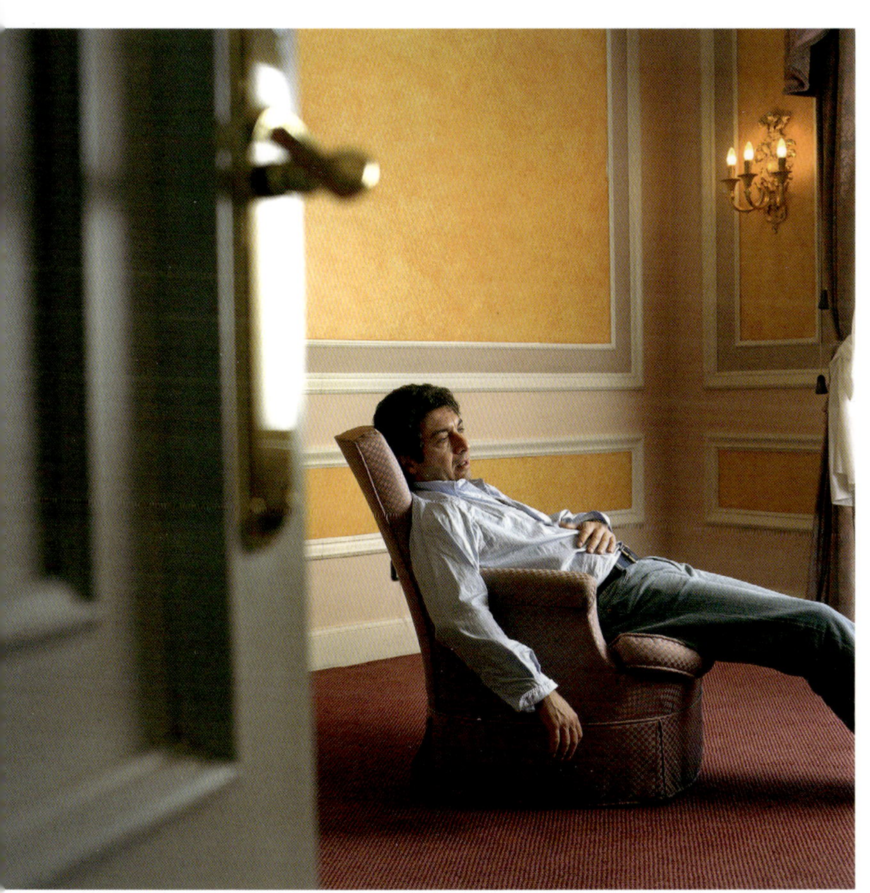

). Ricardo Darín. San Sebastián, 2009

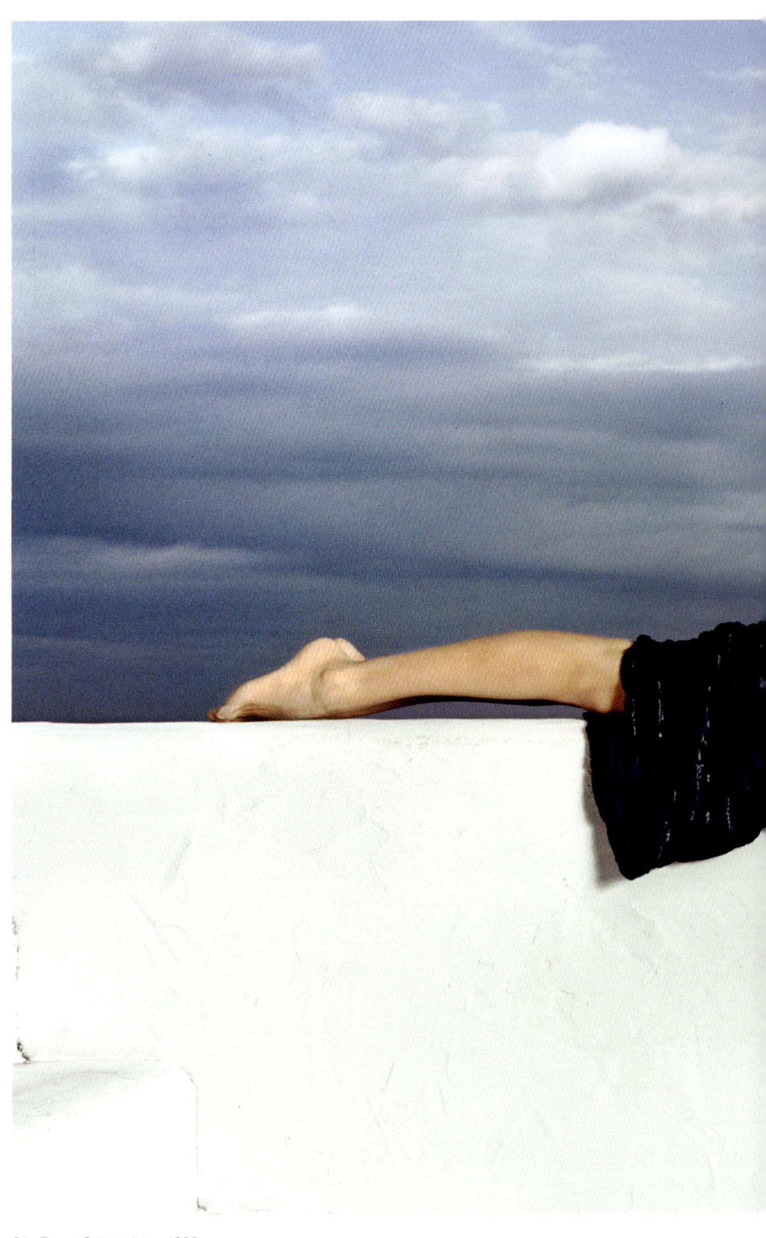

21. Emma Suárez. Ibiza, 1996

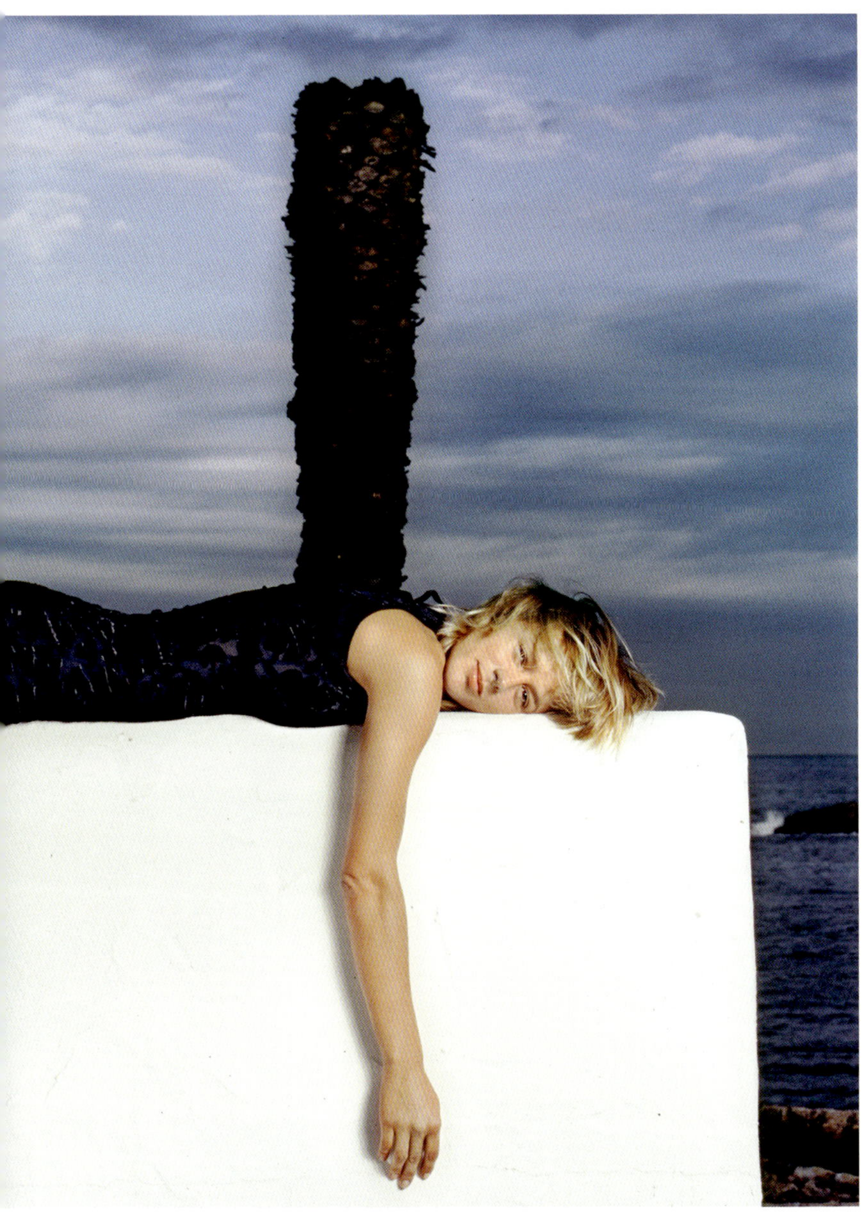

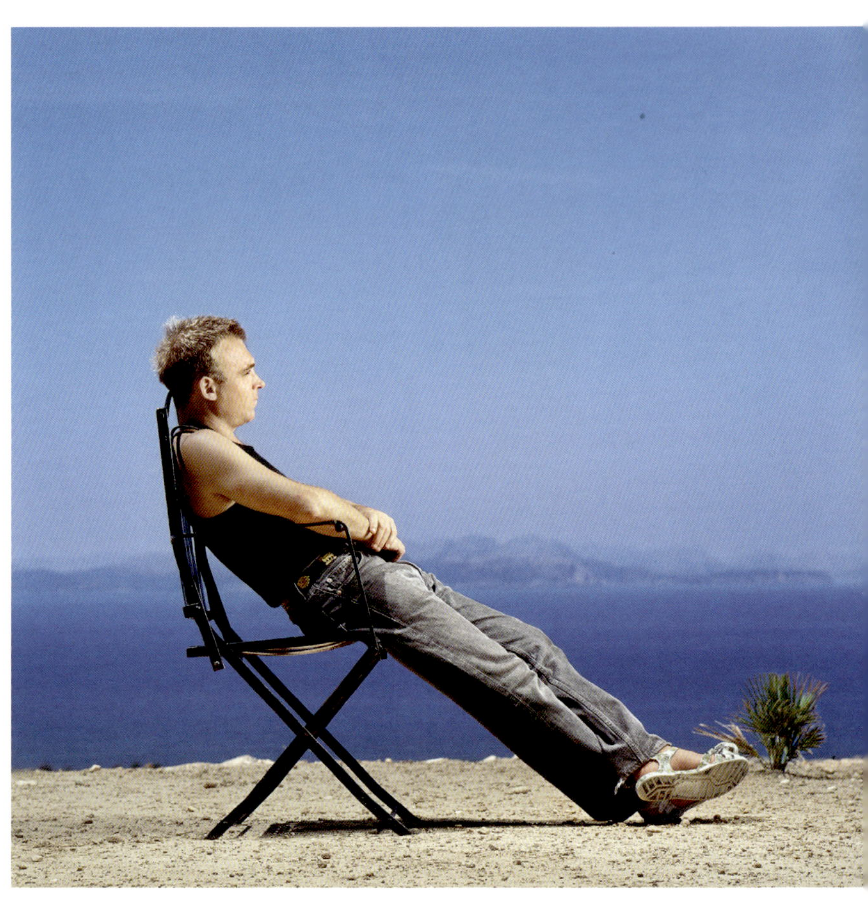

22. Miquel Barceló. Ibiza, 1995

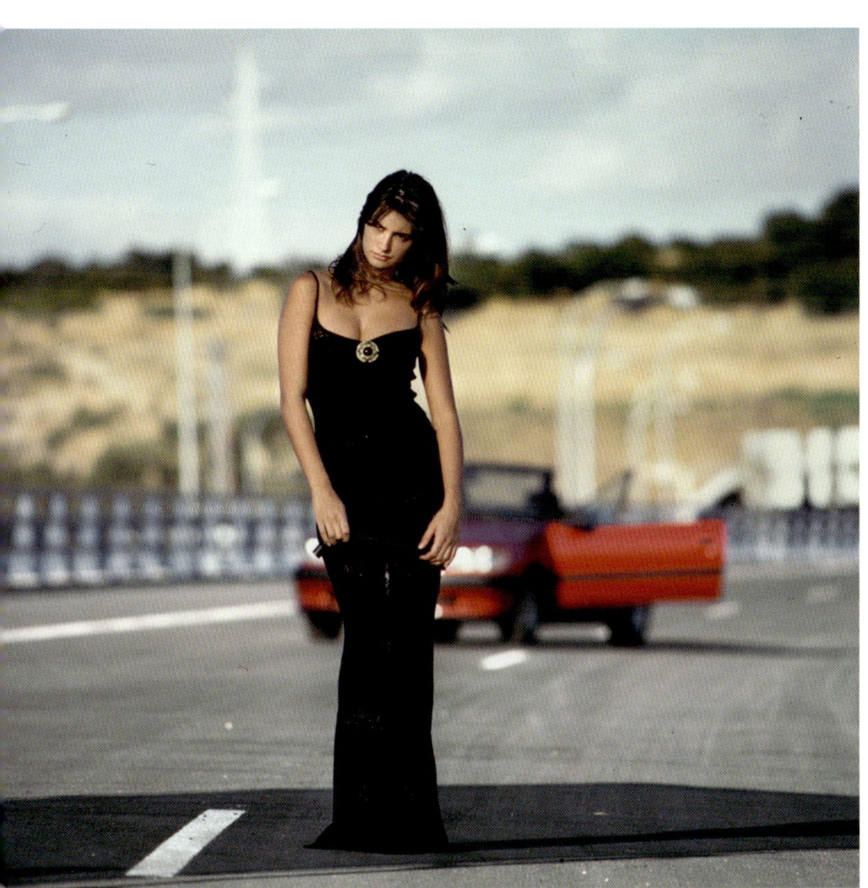

3. Penélope Cruz. Madrid, 1996

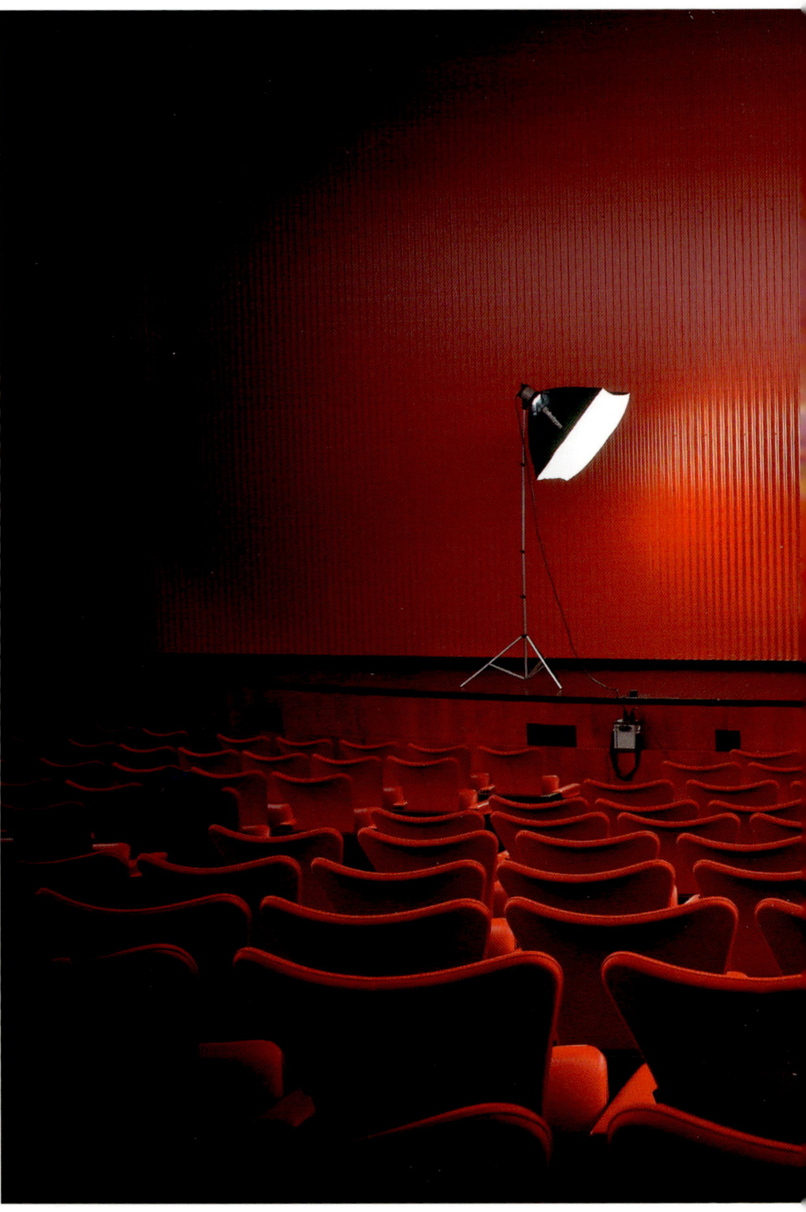

24. Albert Boadella. Madrid, 2010

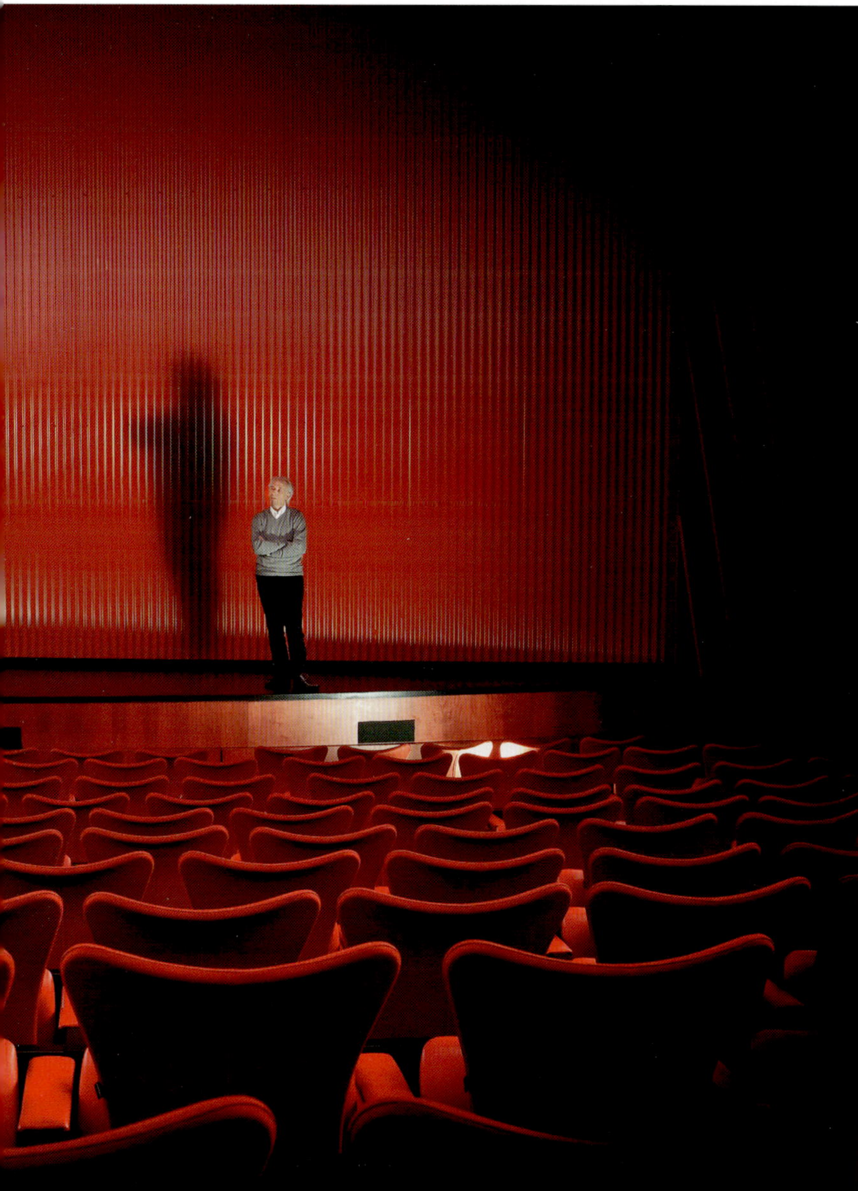

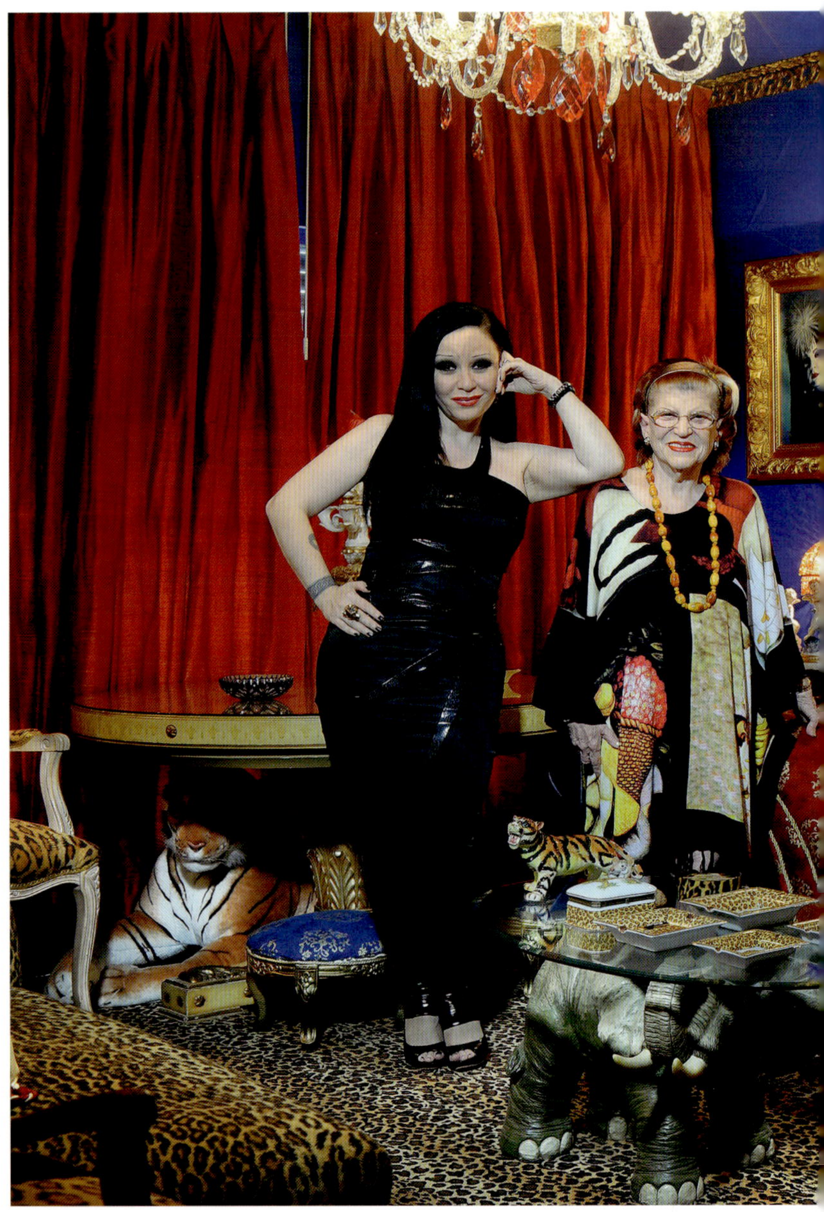

25. Alaska y América. Madrid, 2009

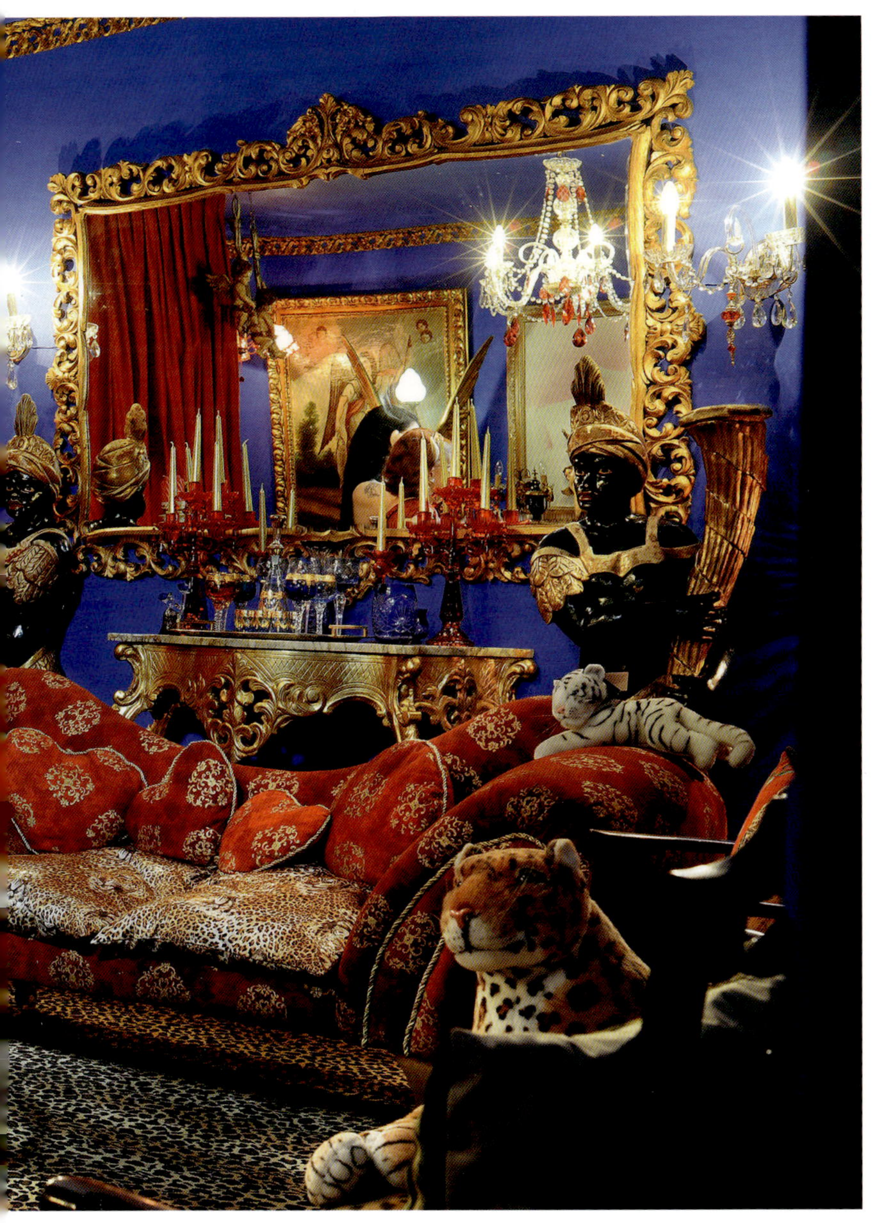

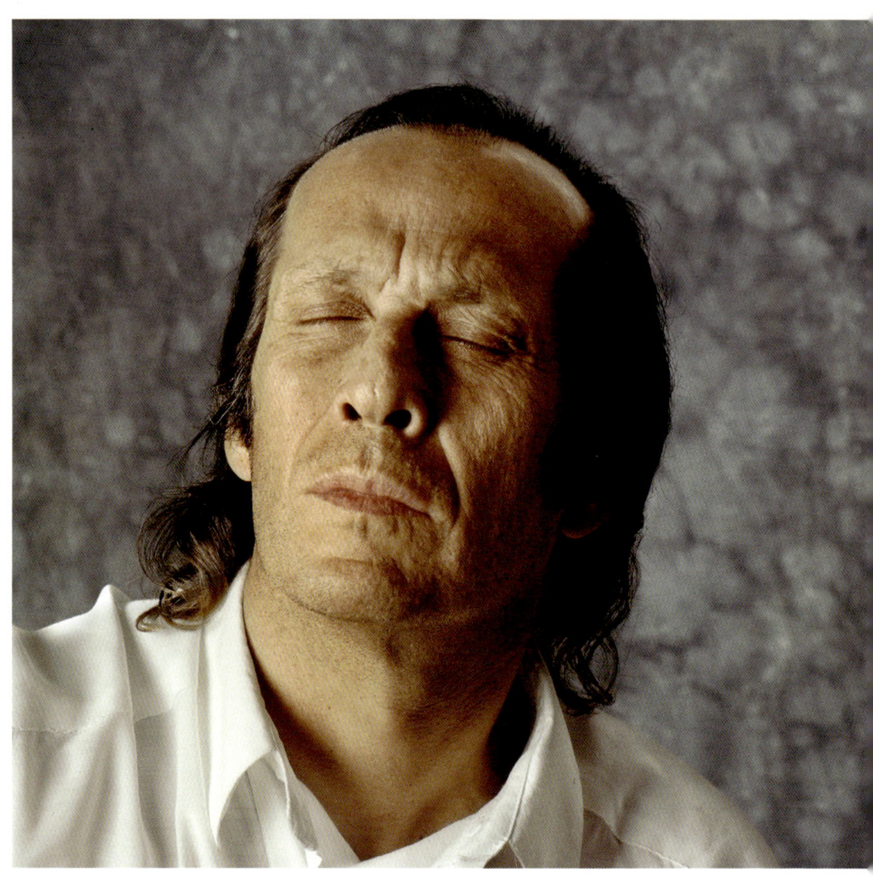

26. Paco de Lucía. Madrid, 1994

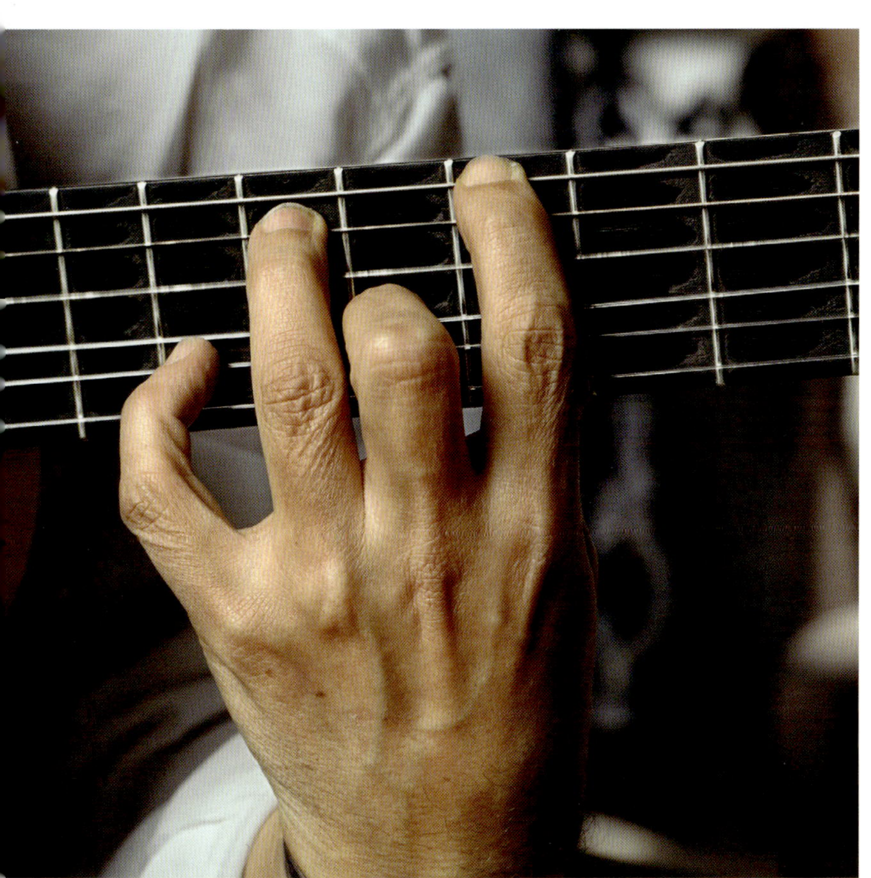

7. Paco de Lucía. Madrid, 1994

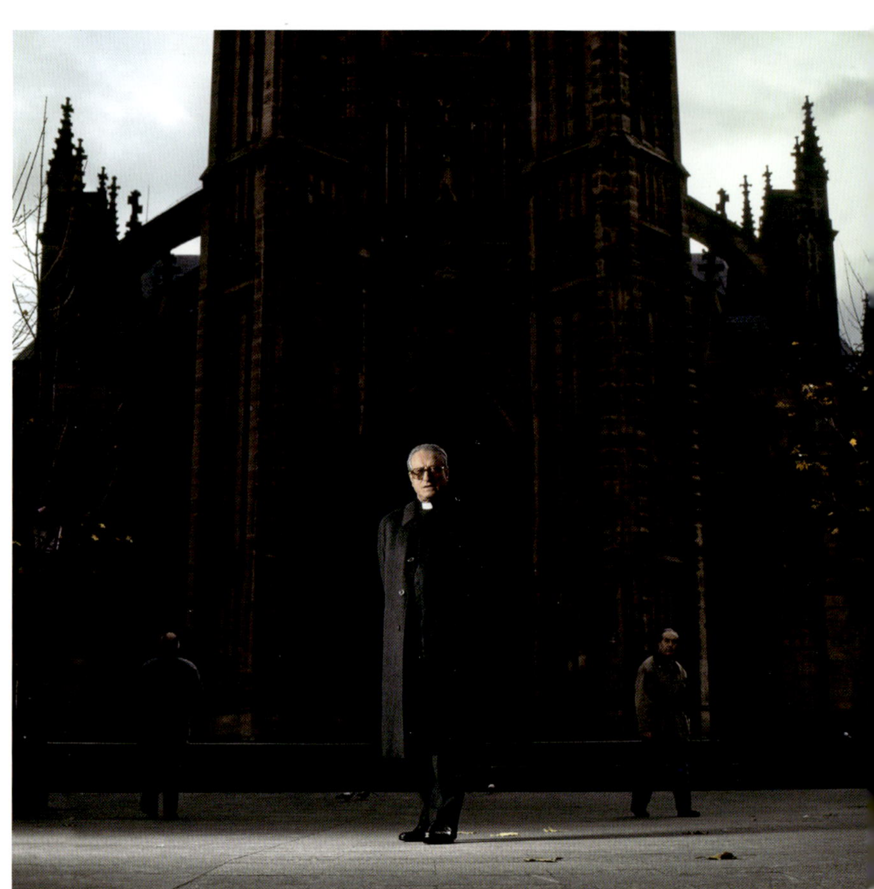

28. Monseñor Setién. San Sebastián, 1996

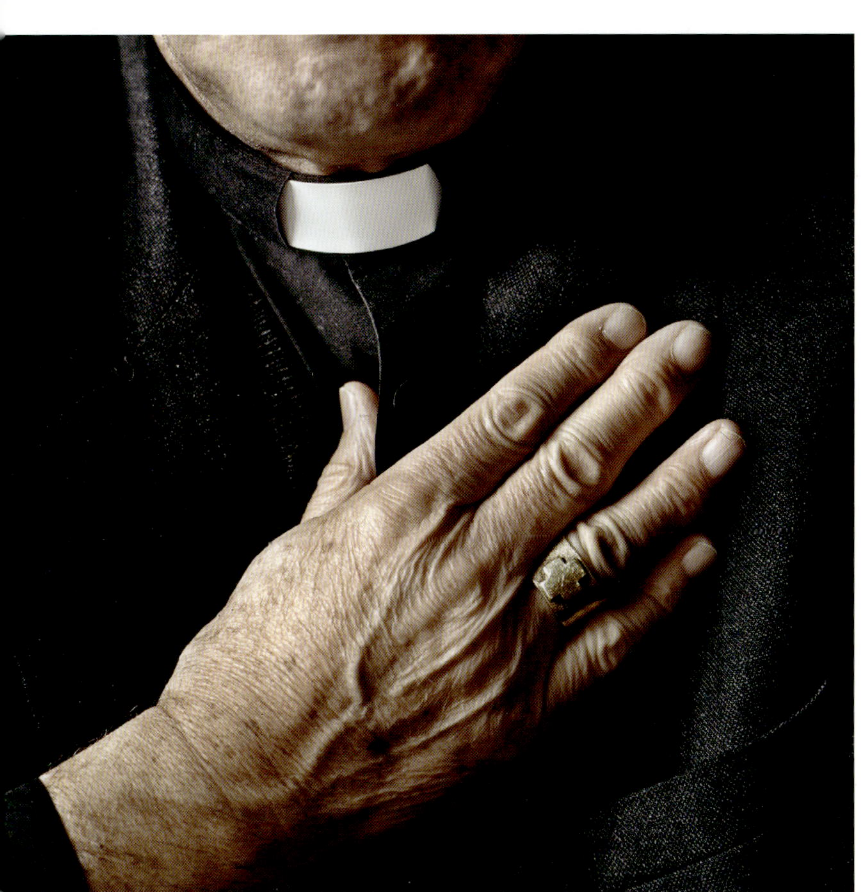

9. Monseñor Setién. San Sebastián, 1996

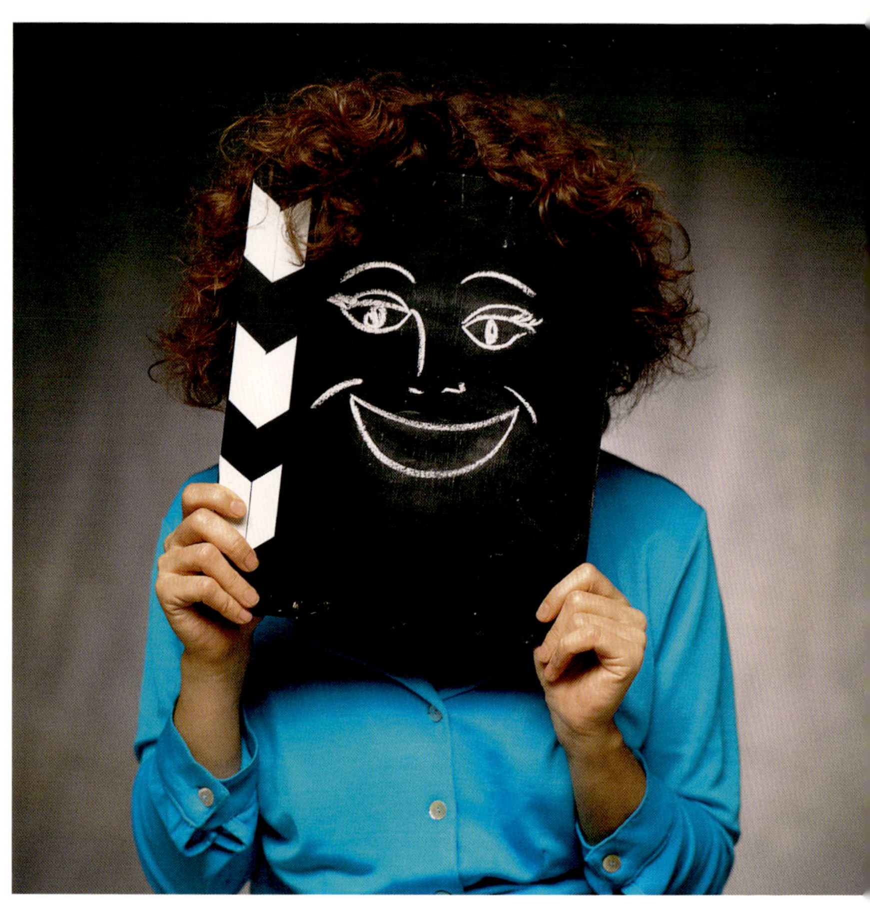

30. Icíar Bollaín. Madrid, 1996

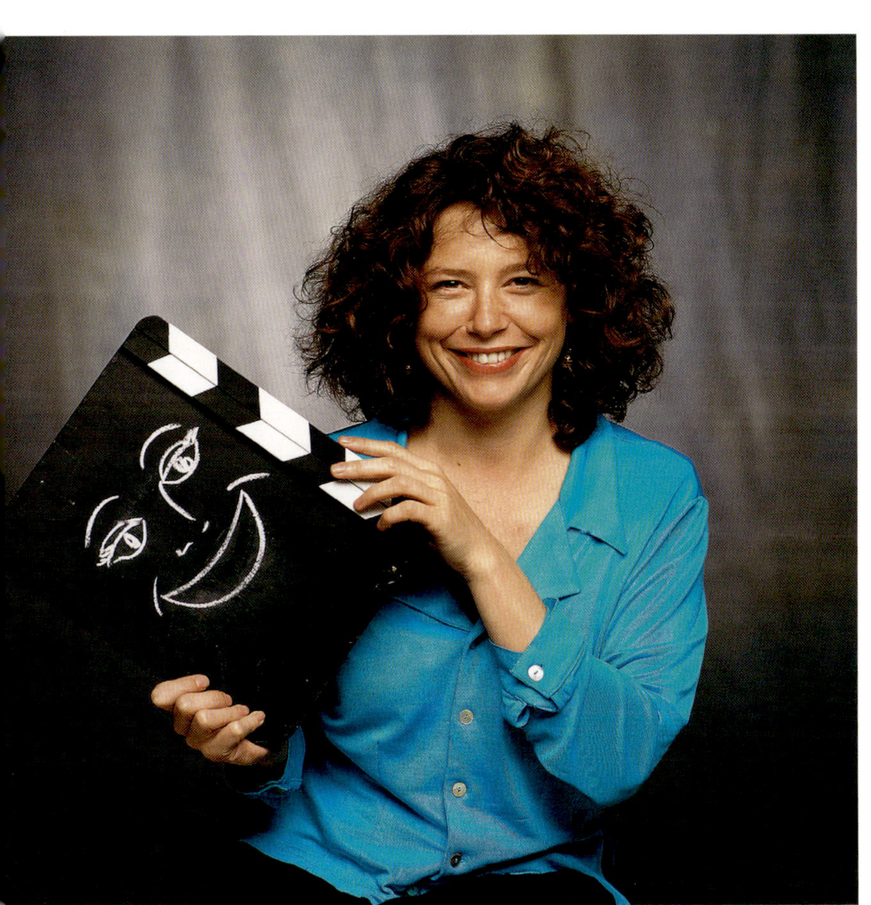

1. Icíar Bollaín. Madrid, 1996

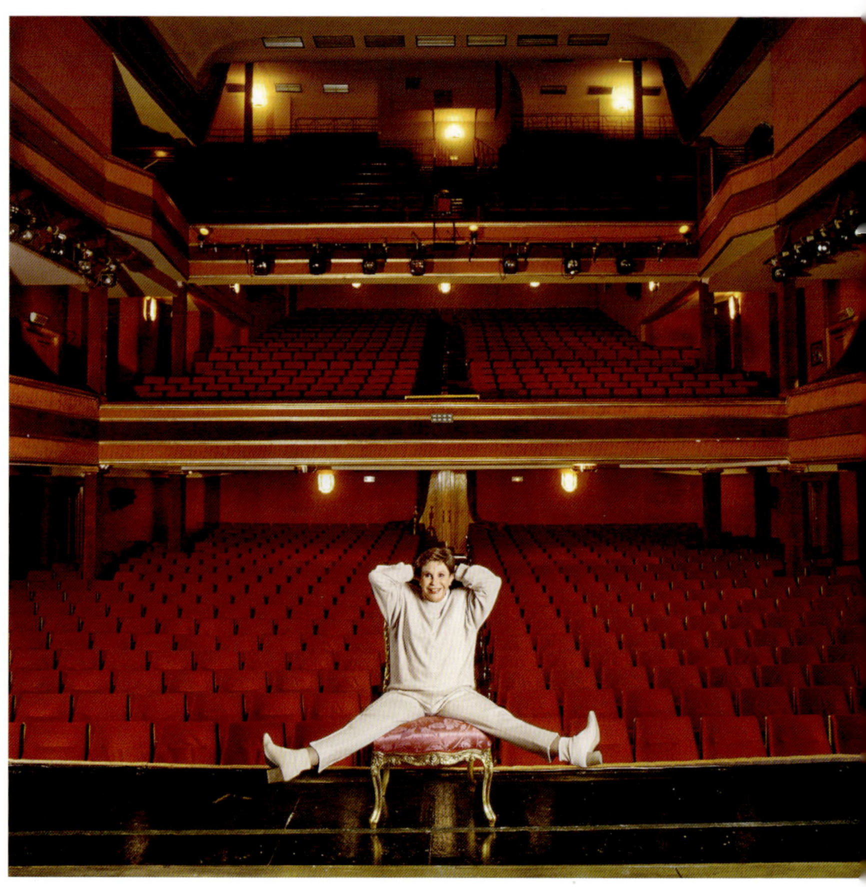

32. Lina Morgan. Teatro La Latina. Madrid, 1998

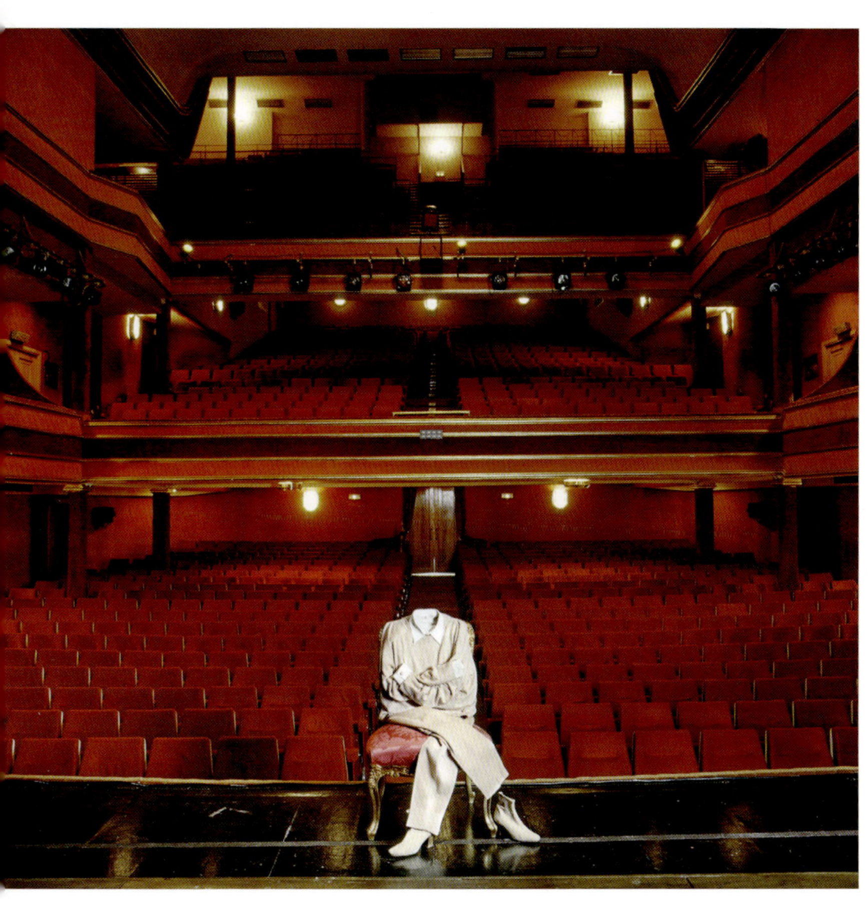

3. Lina Morgan. Teatro La Latina. Madrid, 1998

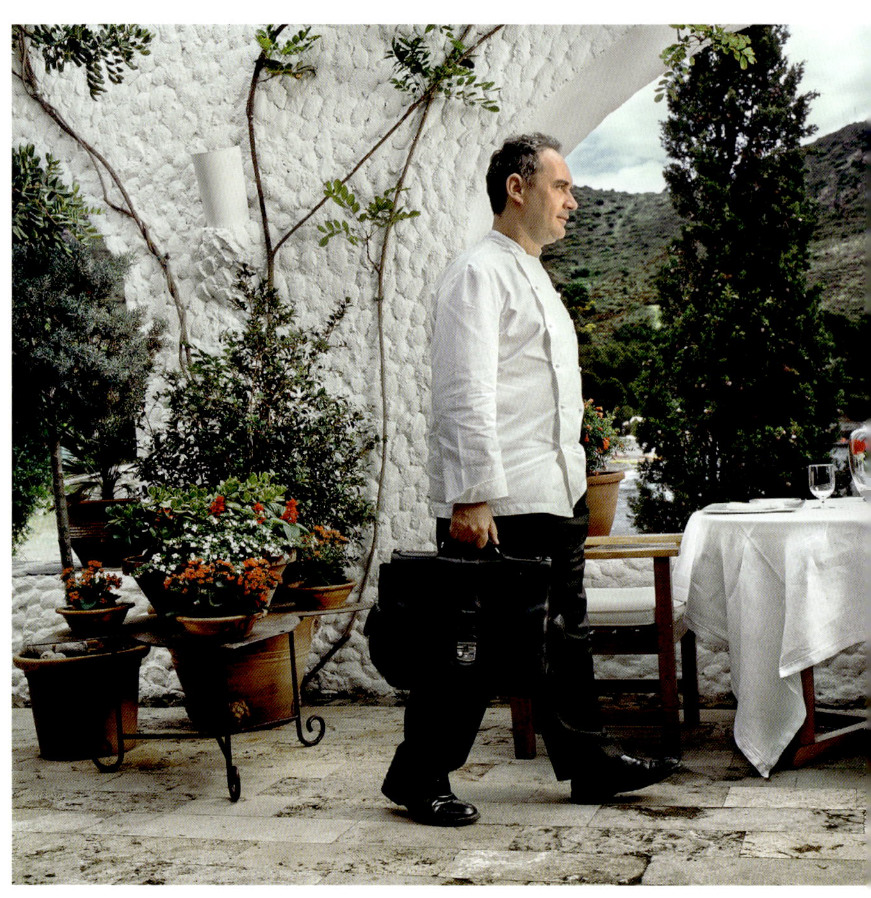

34. Ferrán Adriá en El Bulli. Gerona, 2002

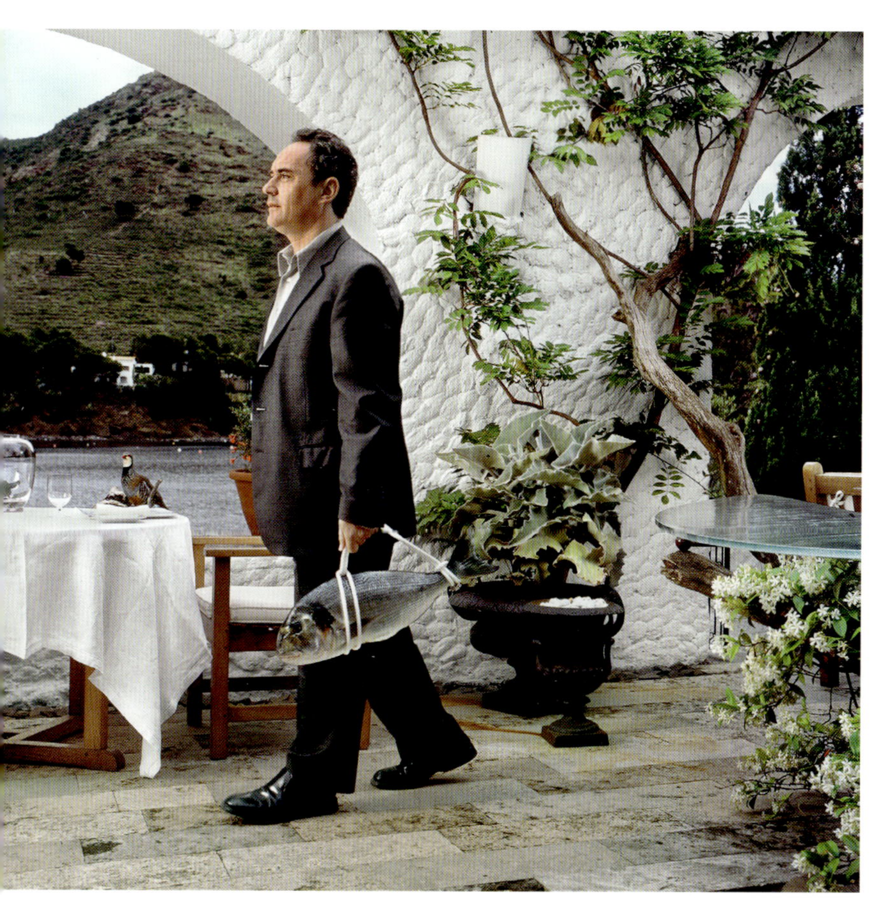

55. Ferrán Adriá en El Bulli. Gerona, 2002

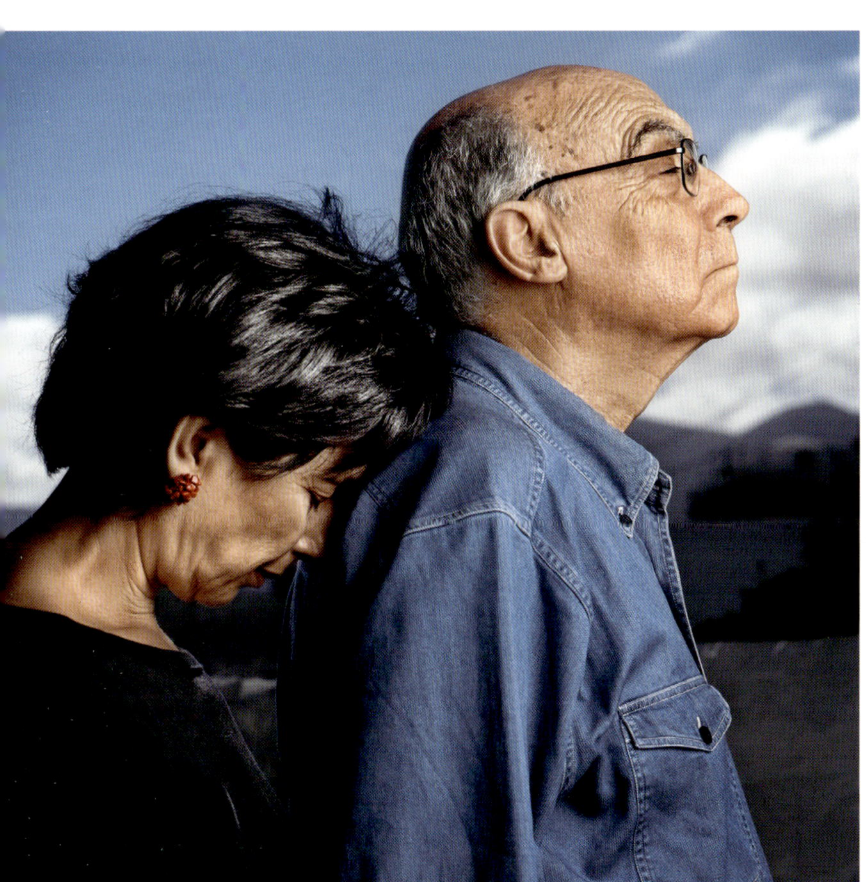

36. Pilar y José Saramago. Lanzarote, 2003

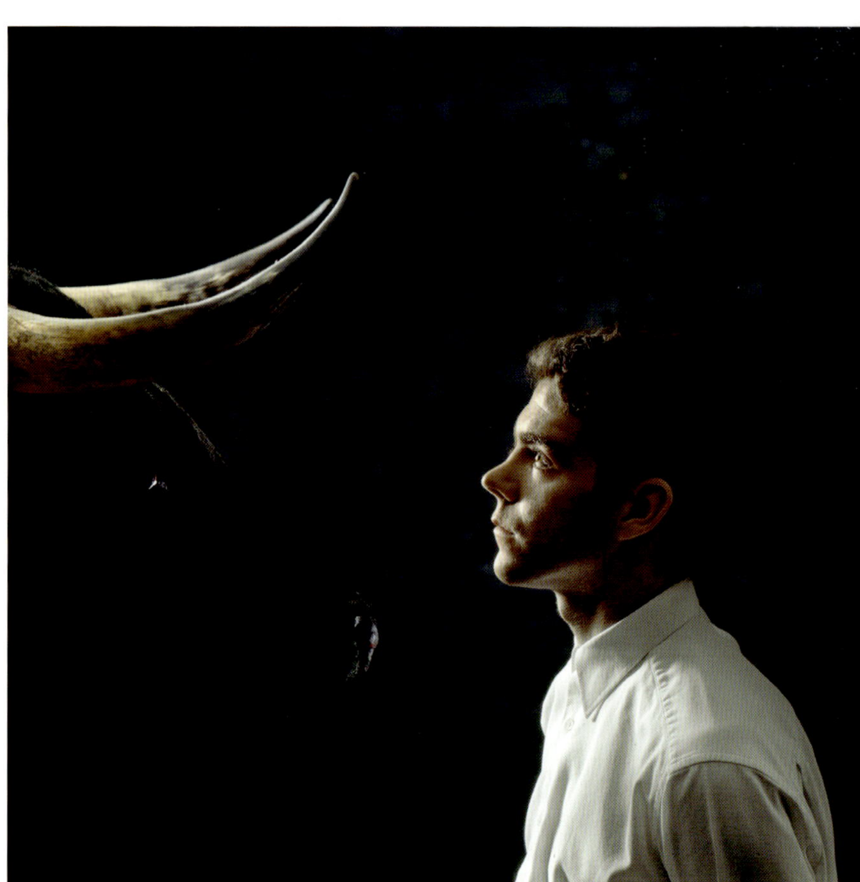

37. José Tomás. Galapagar, 1998

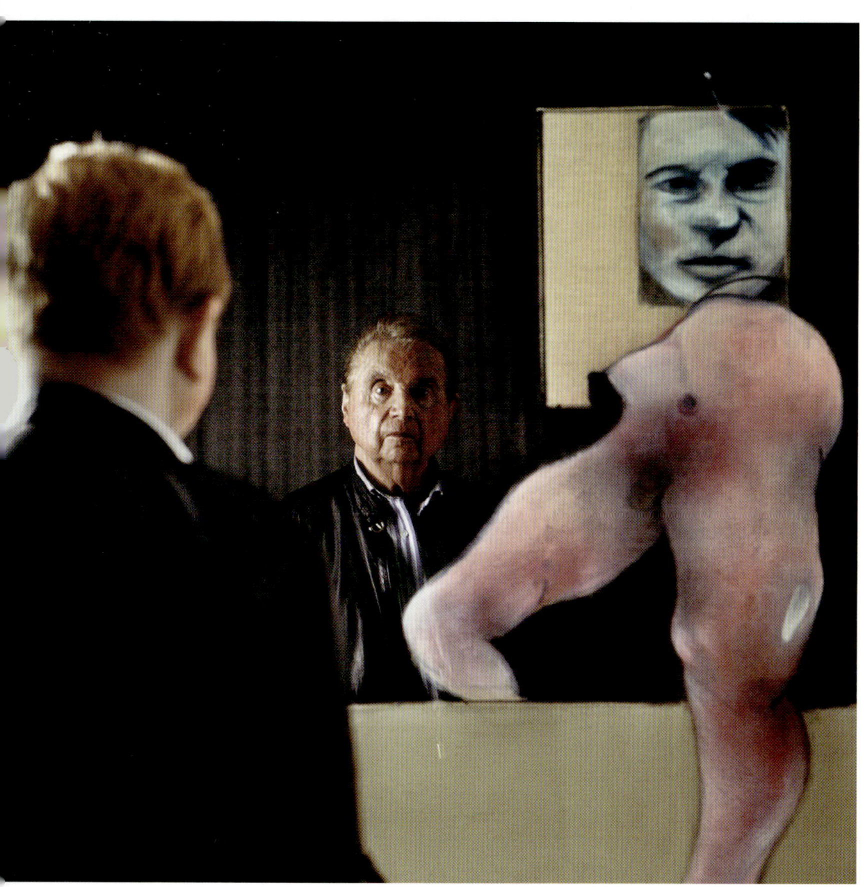

3. Francis Bacon. Galería Marlborough. Londres, 1991

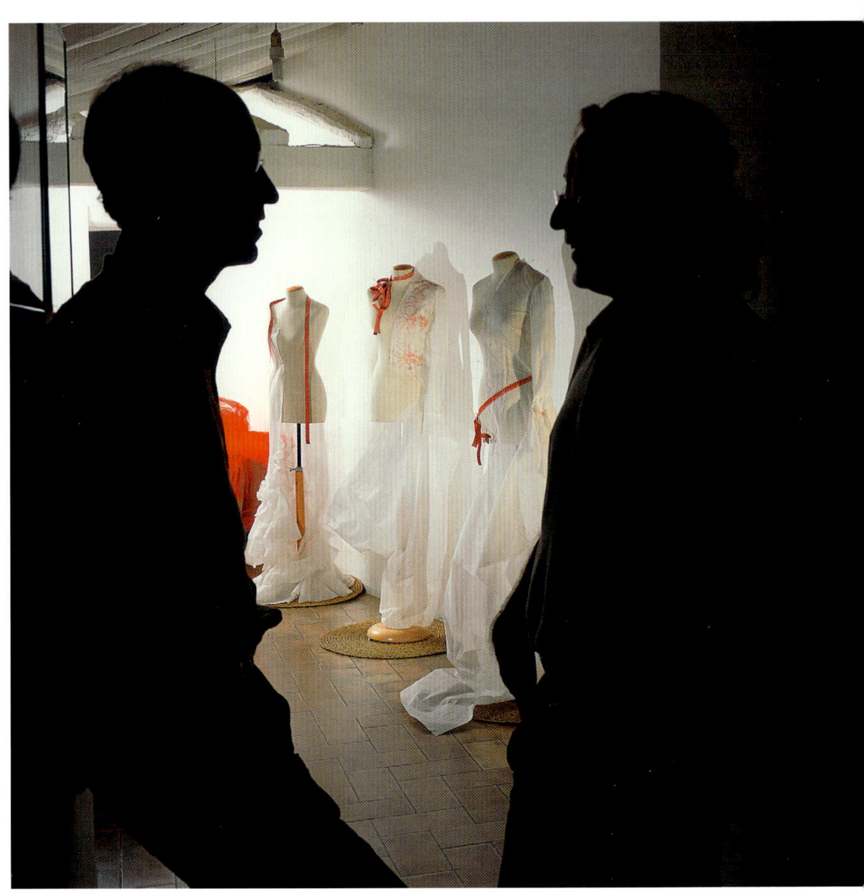

39. Victorio y Lucchino. Sevilla, 1992

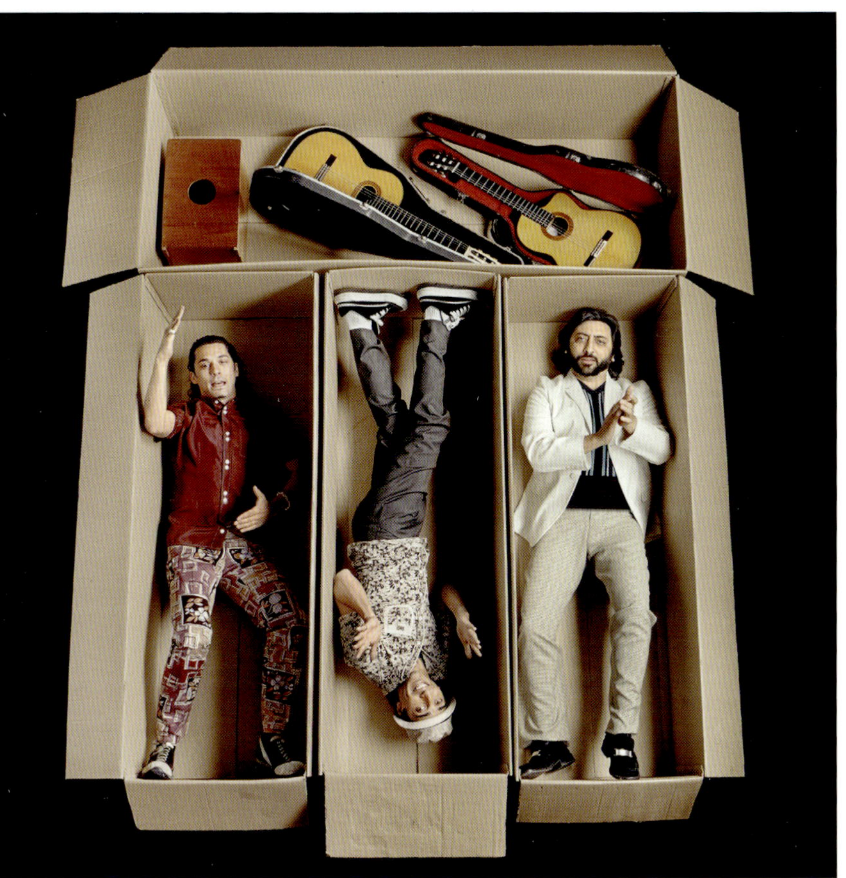

O. Ketama. Madrid, 1997

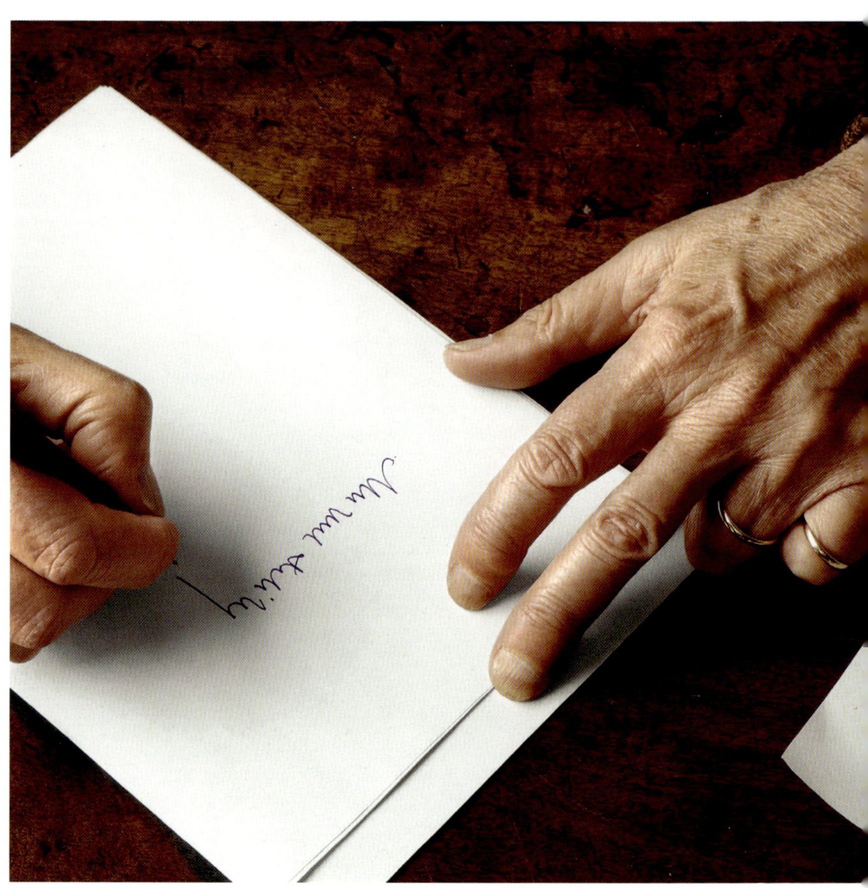

41. Miguel Delibes. Valladolid, 1993

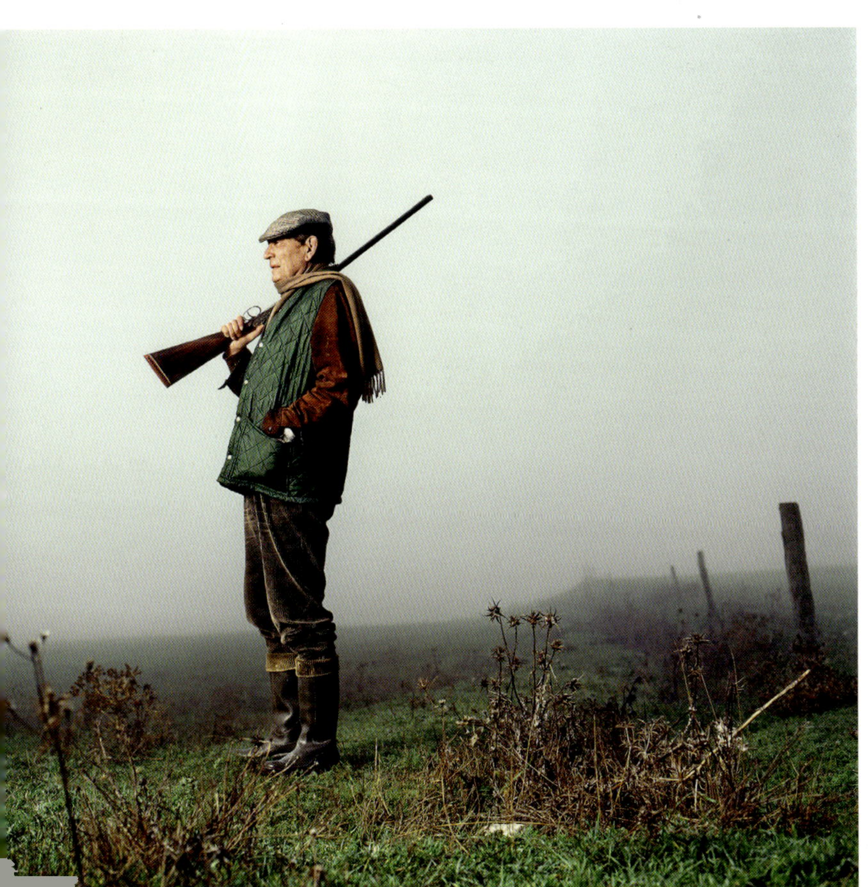

2. Miguel Delibes. Valladolid, 1993

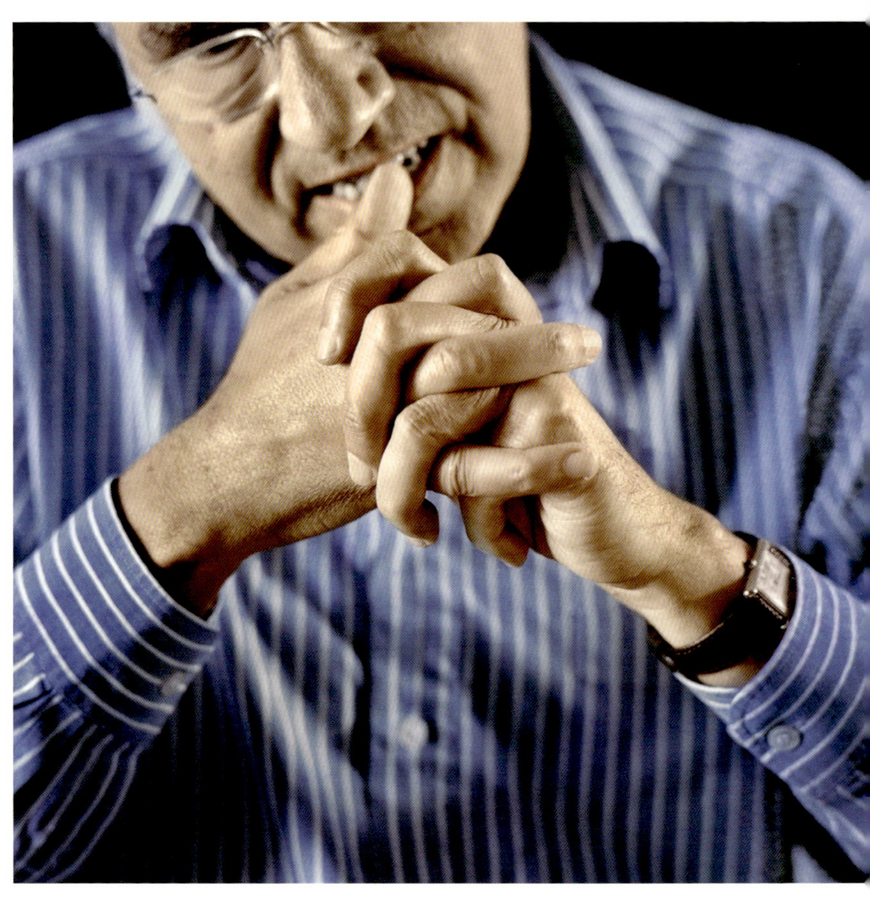

43. Alfonso Guerra. Madrid, 2002

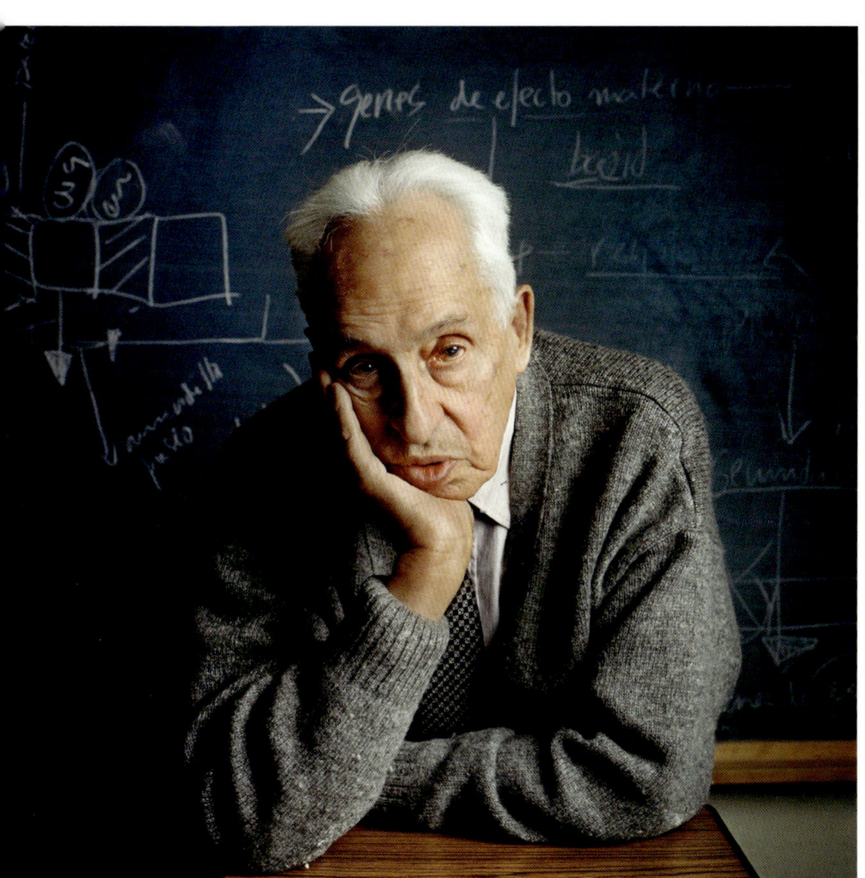

4. Severo Ochoa. Madrid, 1989

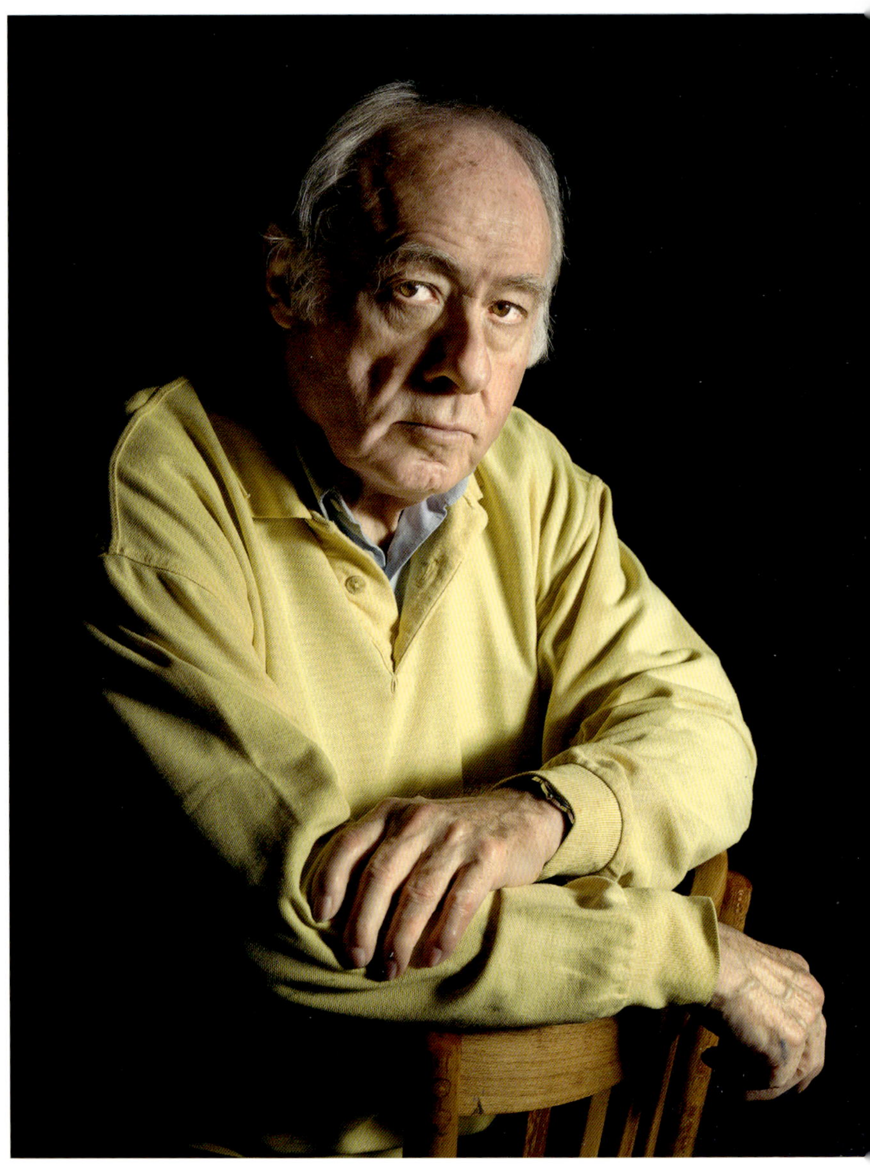

45. Eduardo Arroyo. Madrid, 2013

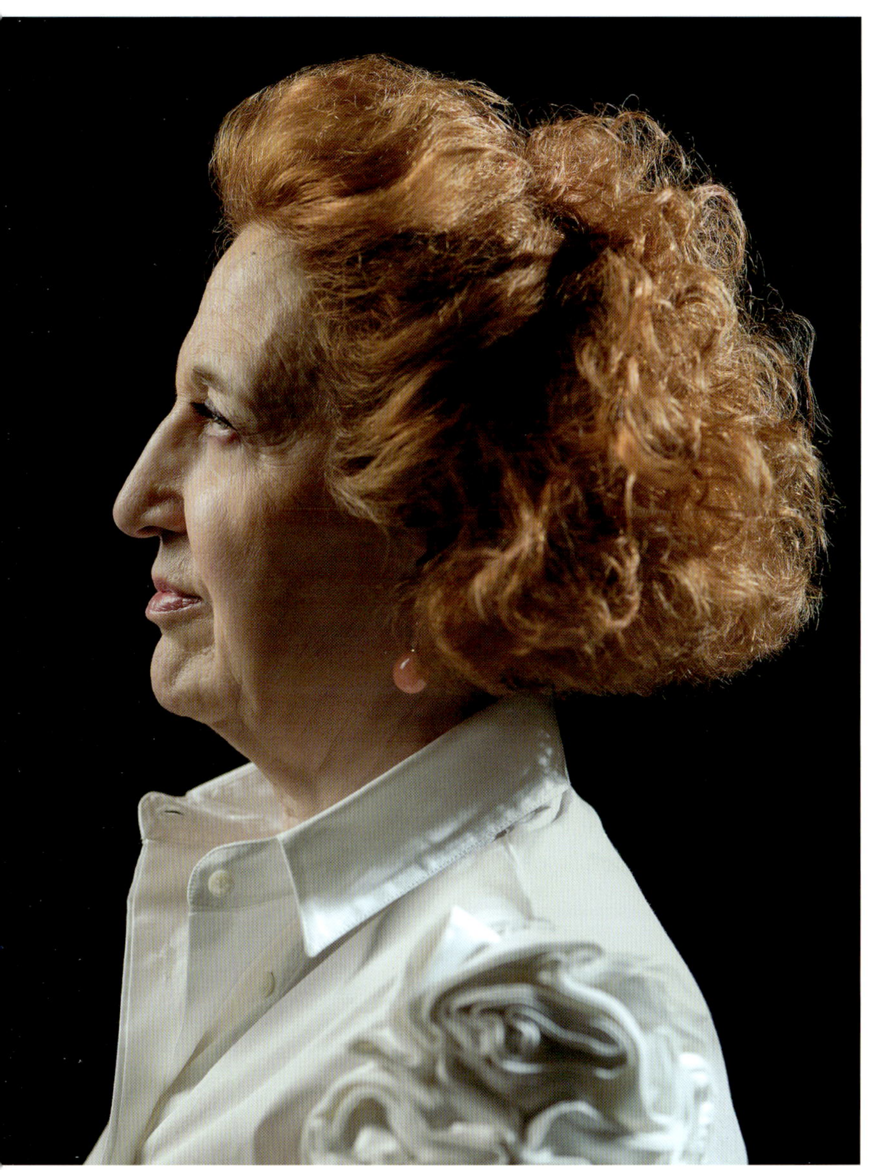

46. Carmen Iglesias. Madrid, 2013

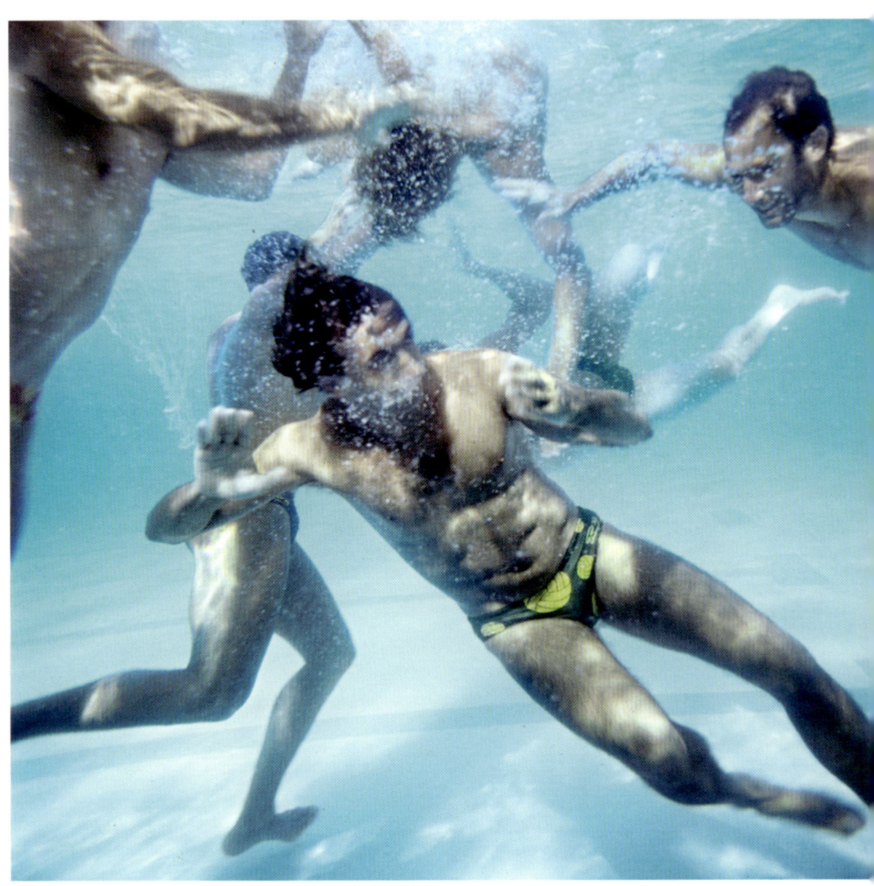

47. Manel Estiarte. Barcelona, 2000

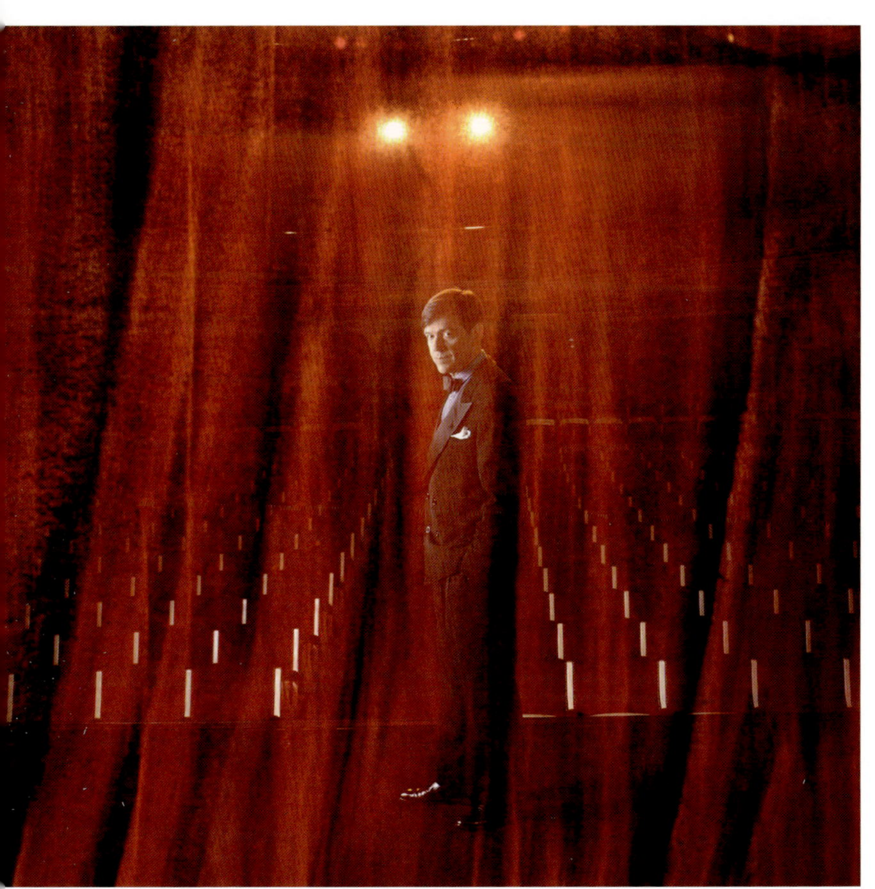

48. Lluis Pascual. Teatro de la Zarzuela. Madrid, 1990

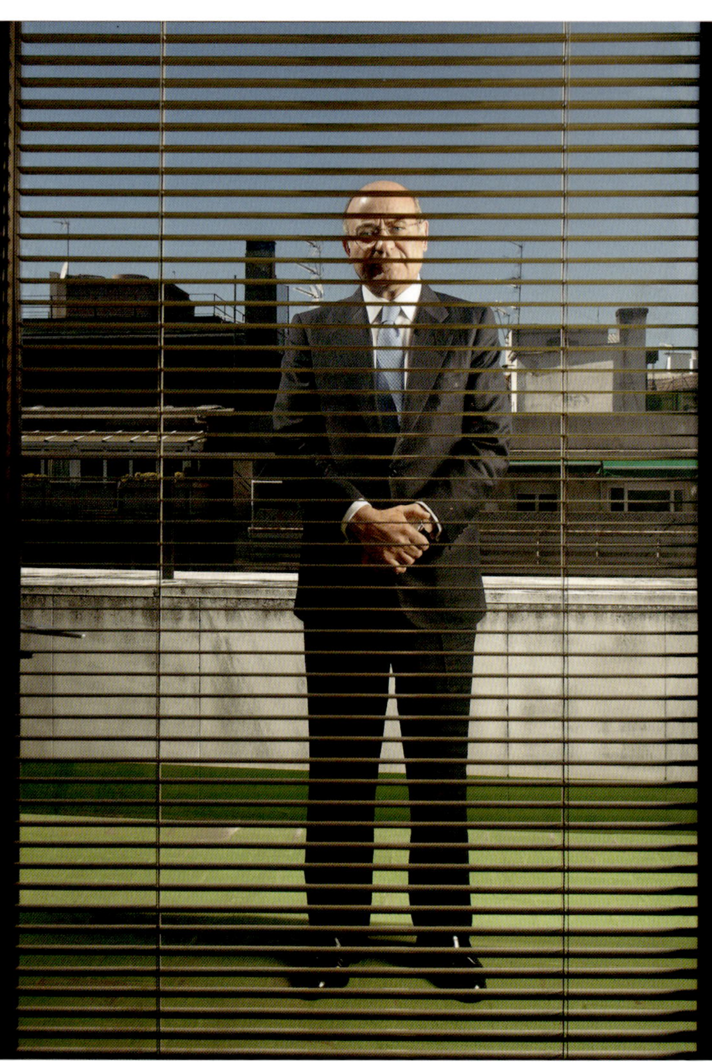

49. Díaz Ferrán. Madrid, 2010

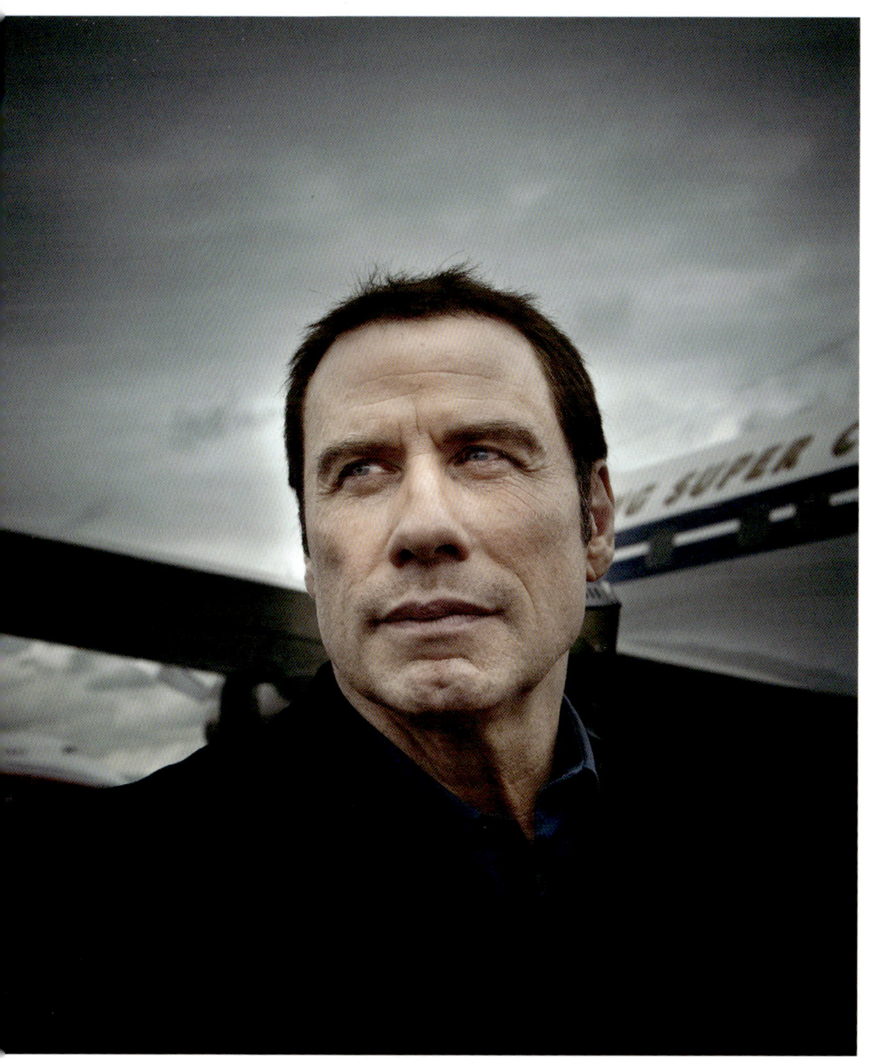

0. John Travolta. Le Bourget, París, 2011

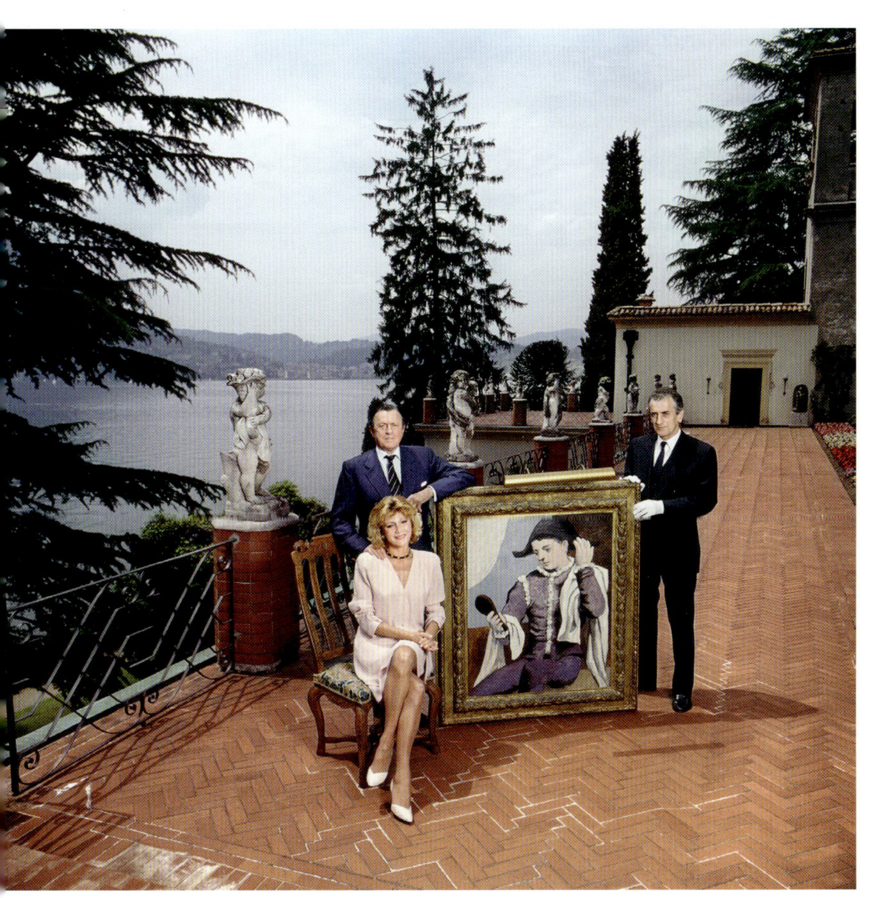

1. Los Thyssen en Villa Favorita. Lugano, Suiza, 1989

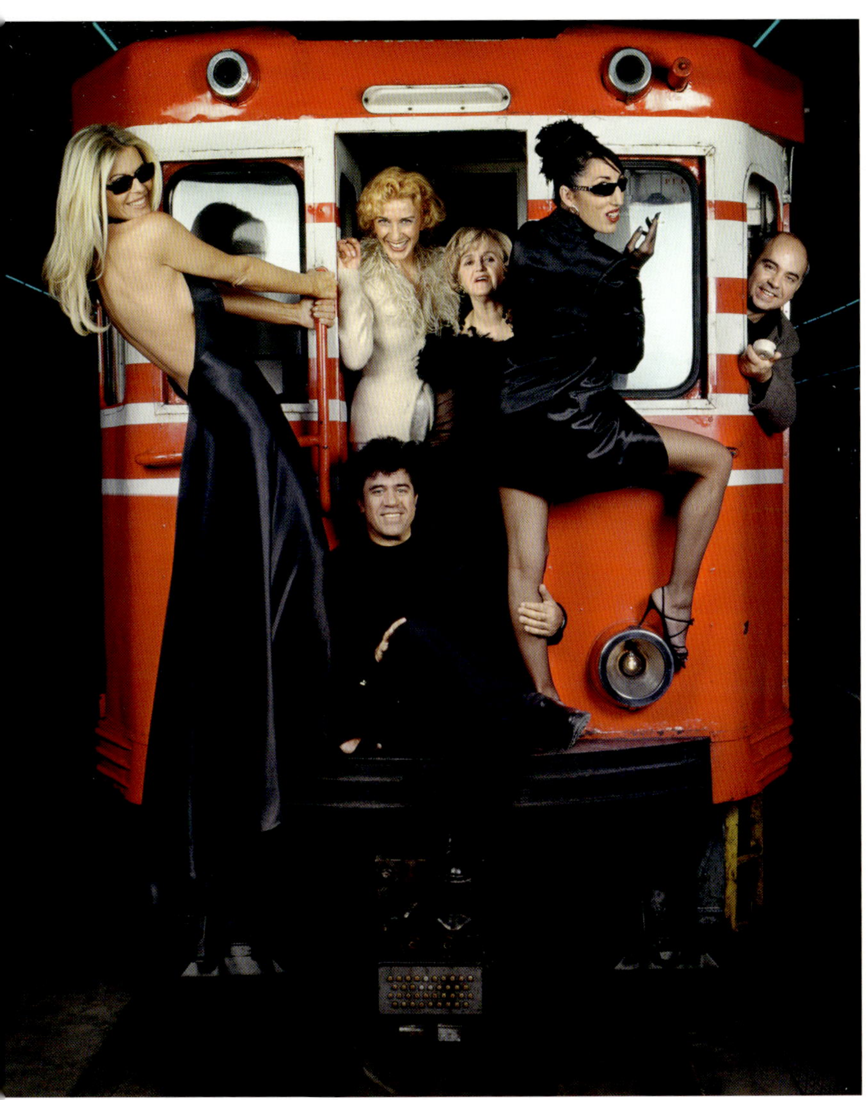

52. Troupe Almodóvar. Madrid, 1996

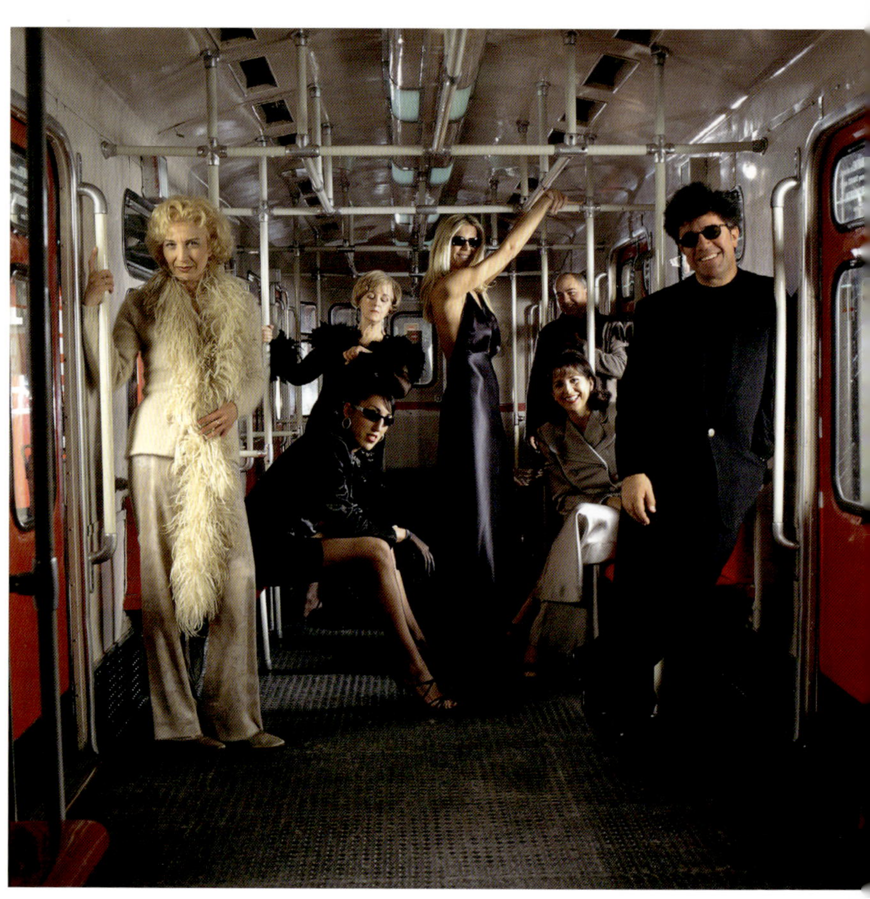

53. Troupe Almodóvar. Madrid, 1996

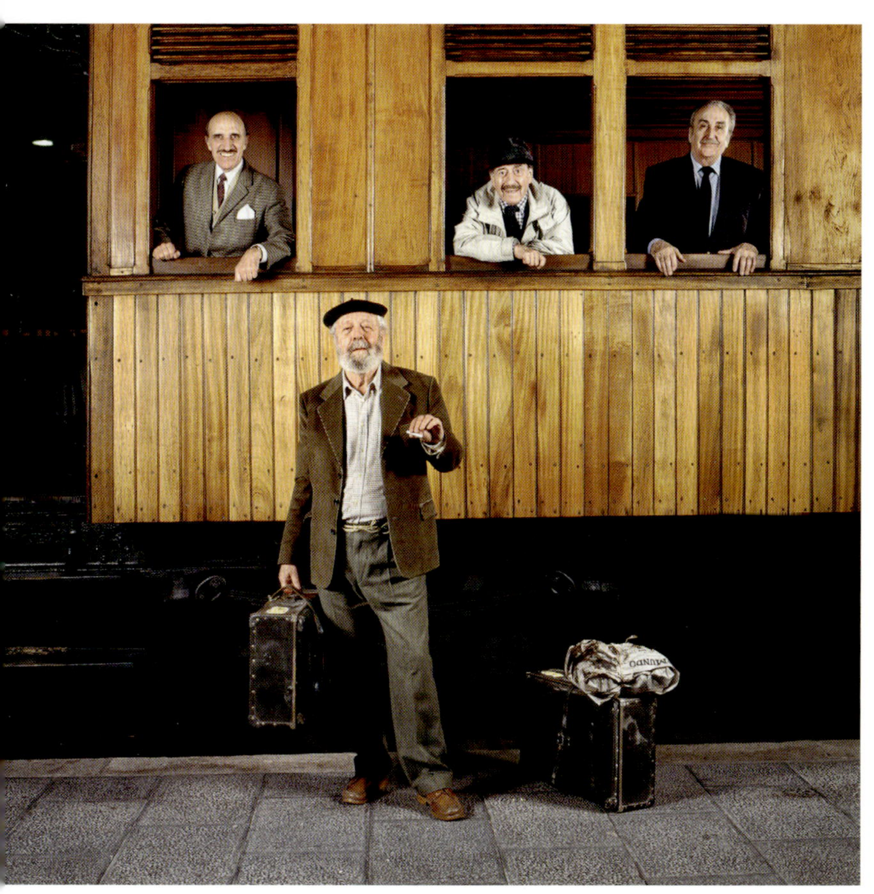

54. Berlanga, Sazatornil, López Vázquez y Rafael Alonso. Madrid, 1996

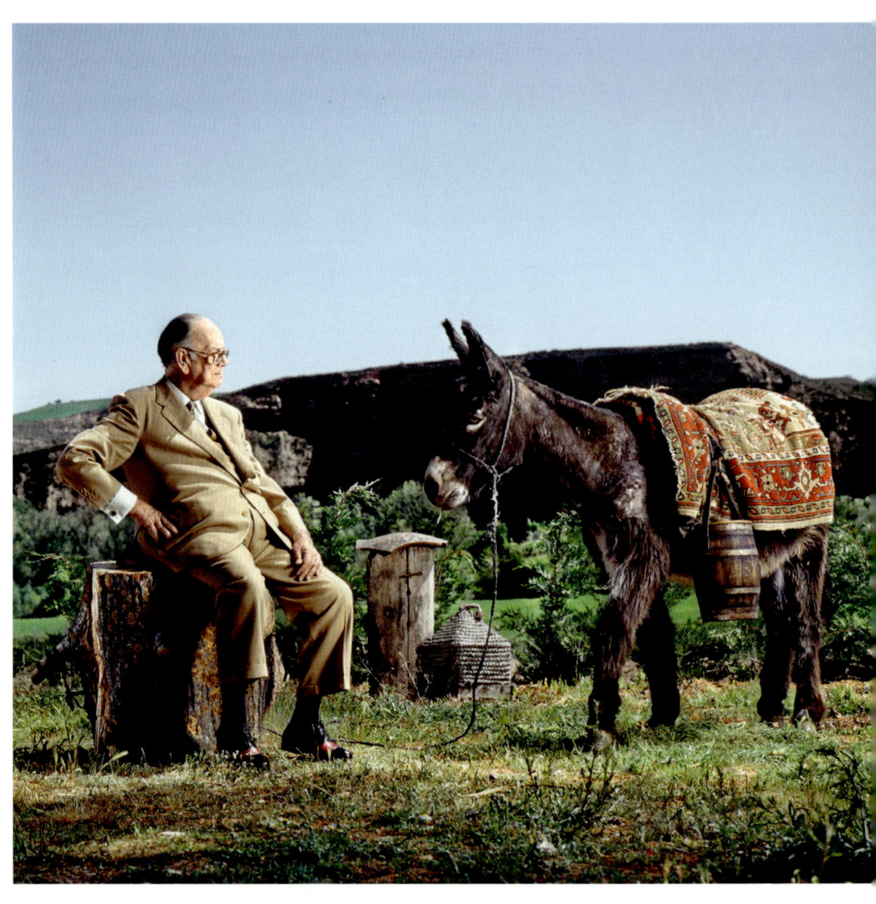

55. Camilo José Cela. Guadalajara, 1996

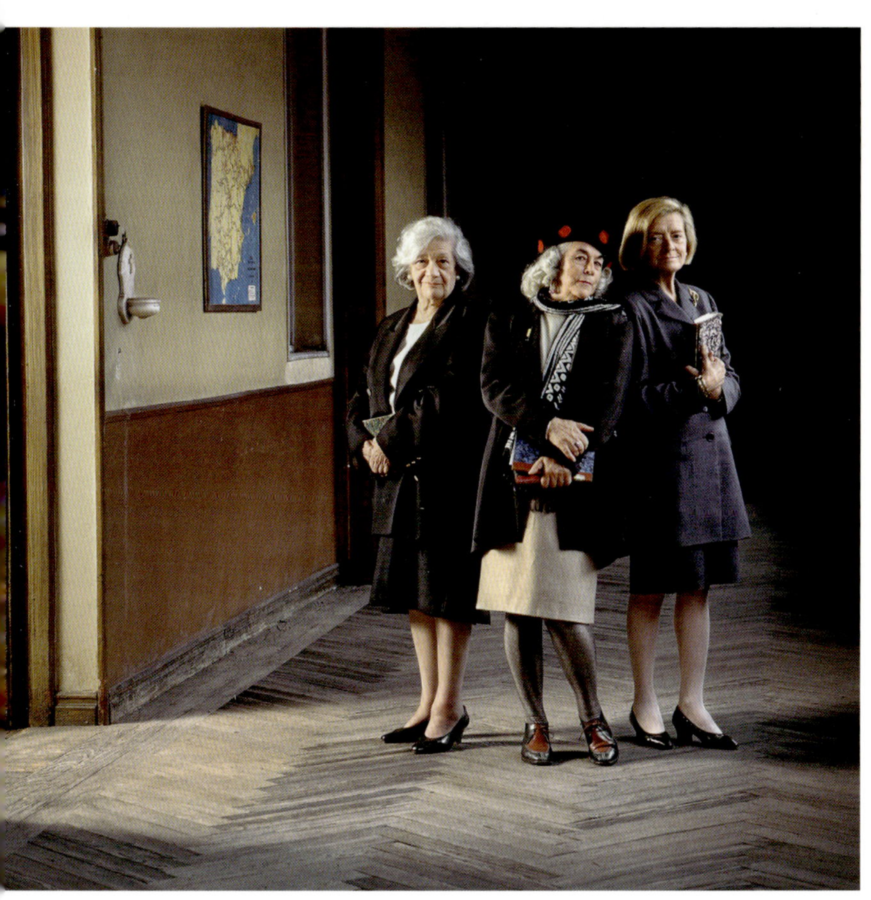

6. Ana María Matute, Carmen Martín Gaite y Josefina Aldecoa. Madrid, 1996

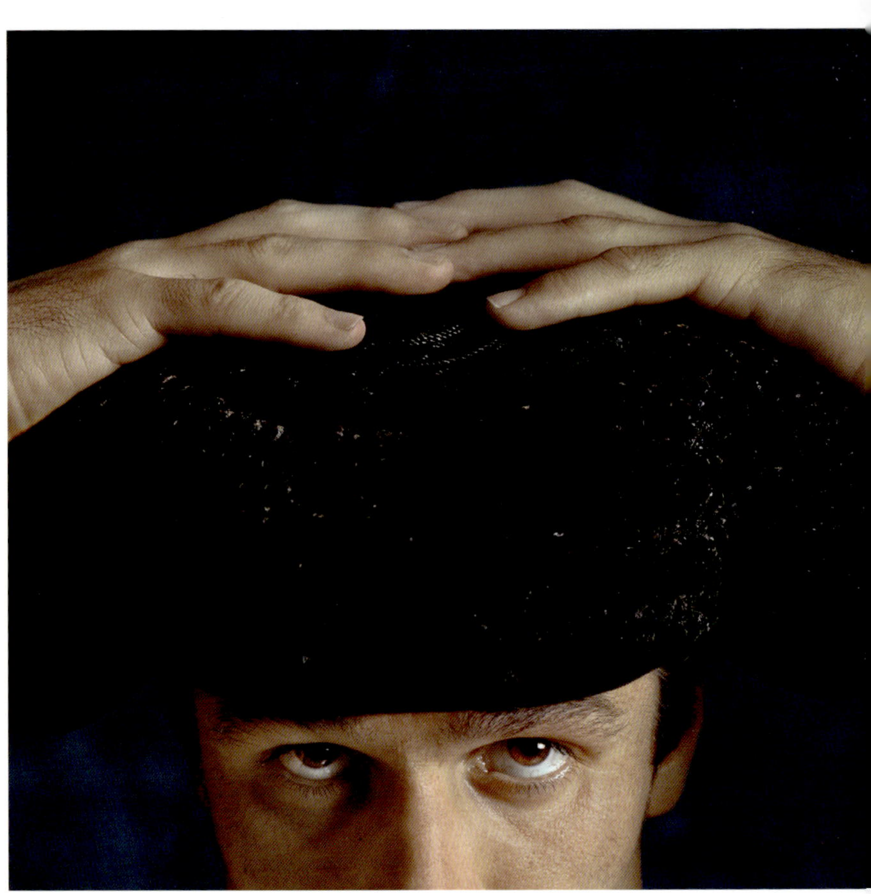

57. Joselito. Talavera de la Reina, 1996

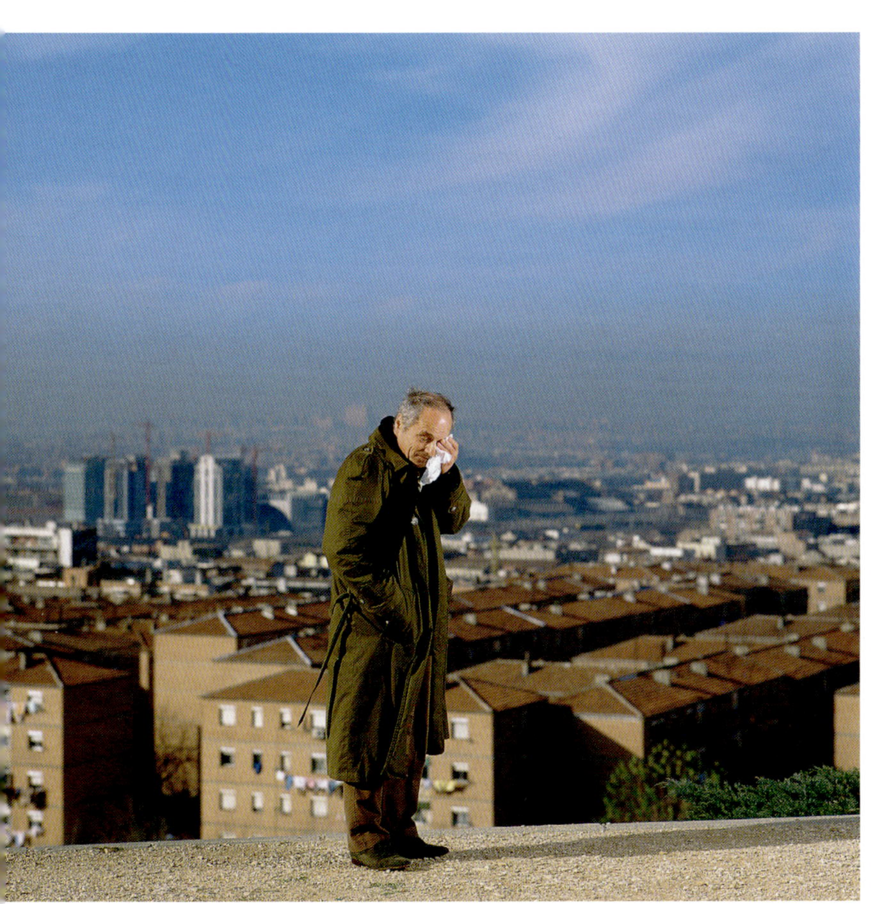

8. Antonio López. Madrid, 1996

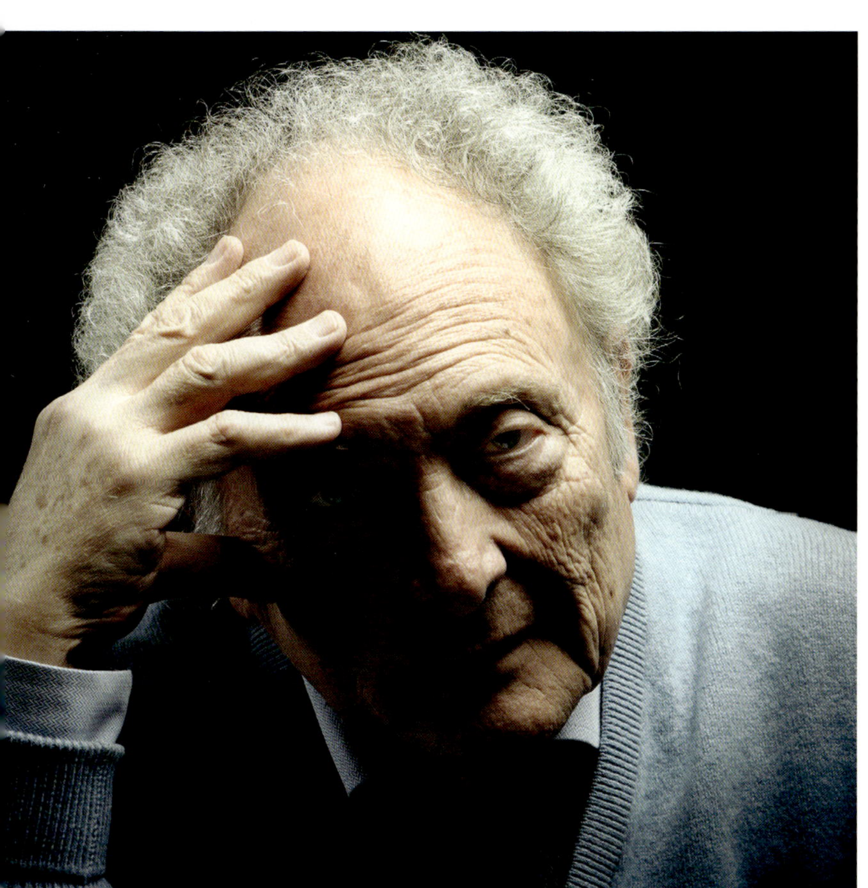

9. Eduardo Punset. Madrid, 2009

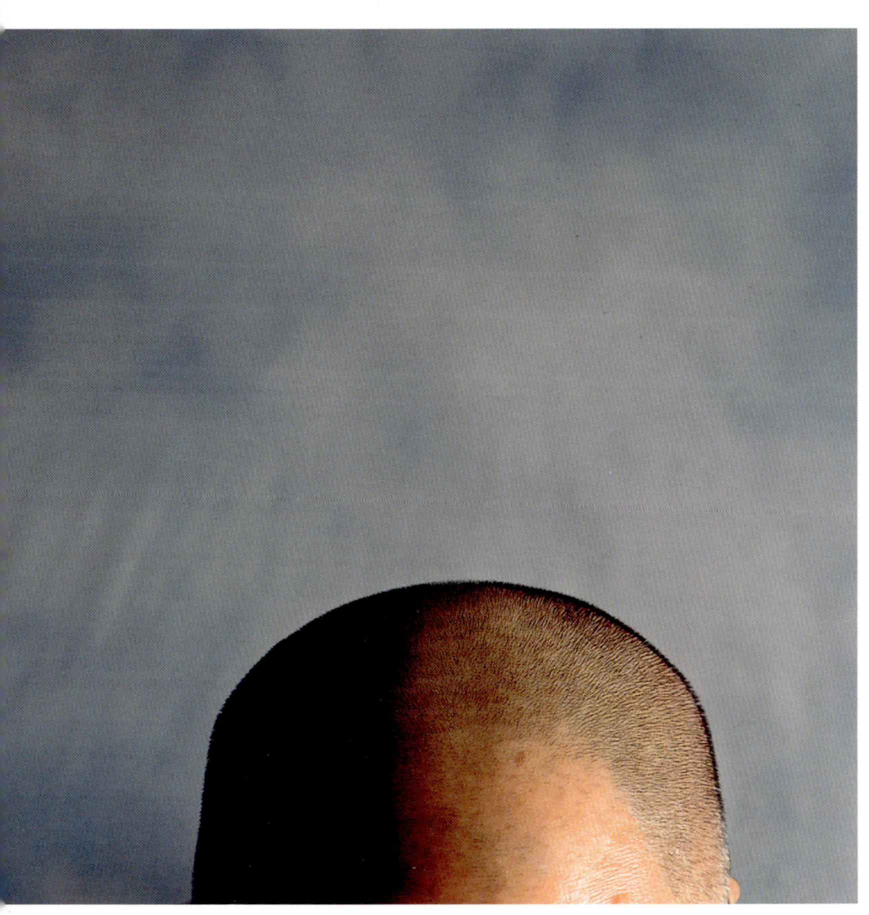

0. Dalai Lama. Barcelona, 1994

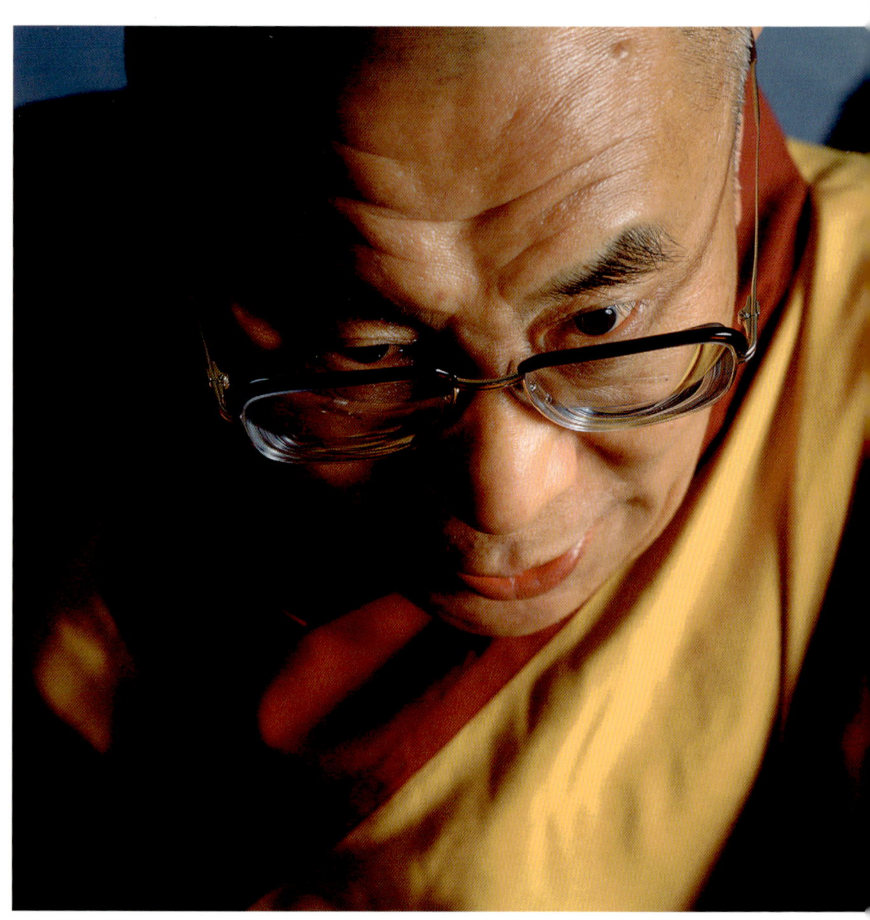

61. Dalai Lama. Barcelona, 1994

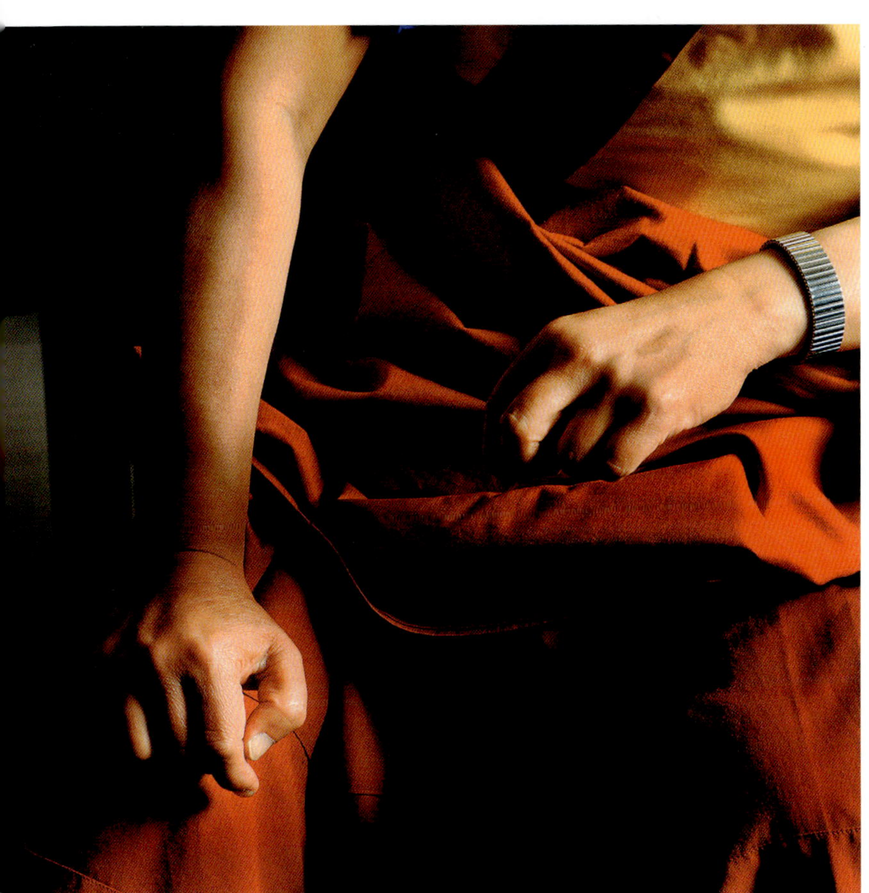

2. Dalai Lama. Barcelona, 1994

Cronología

1952 José María García Conesa nace en Murcia.
1964 Comienza su interés por la fotografía. Le regalan su primera cámara, una Nerasport.
1972 Se matricula en Historia del Arte en la Universidad Complutense de Madrid. Se apunta al club de fotografía del colegio mayor donde reside.
1974 Inicia estudios de Imagen y Periodismo en la facultad de Ciencias de la Información de la Universidad Complutense.
1976 Comienza a dedicarse profesionalmente a la fotografía. Como alumno en prácticas, ingresa como redactor deportivo en *El País*. Compagina la redacción con la fotografía.
1978 Publica sus primeros reportajes de texto y fotos en *El País Semanal*. Abandona sus tareas como redactor.
1984 Se decanta por el retrato editorial dentro de su labor para *El País Semanal*.
1987 Participa en el proyecto *Galicia a pie de foto*, junto a otros fotógrafos como Cristina García Rodero, Koldo Chamorro o Paco Elvira.
1988 Después de un breve paso por *El Globo*, vuelve a *El País* como editor gráfico del suplemento dominical.
1992 Es designado jurado del certamen World Press Photo, y desde entonces se convierte en miembro del equipo de asesores periféricos de la Fundación World Press Photo de Ámsterdam, como delegado para el descubrimiento de jóvenes fotógrafos en España.
1995 Participa en la fundación del suplemento dominical del diario *El Mundo*, como subdirector y jefe de Fotografía.
1998 Comienza a dirigir la colección PHotoBolsillo de La Fábrica.
2001 Inicia su labor como comisario de exposiciones. Las primeras son *Lusofonías: pisadas sonámbulas*, de José Manuel Navia, y *La memoria construida*, de Ramón Masats.
Es responsable de la edición gráfica del libro *300 años, 300 vidas*, elaborado por La Fábrica con motivo del tercer centenario de Caja Madrid.
2002 Forma parte del jurado del Premio Nacional de Fotografía, que se otorga a Joan Colom. Desde entonces pertenecerá al comité que premiará a fotógrafos como Manuel Vilariño.
2004 Comisaría una exposición dedicada a Ramón Masats, ganador del Premio Nacional de Fotografía ese año.
2007 Es comisario de la muestra *Madrid inmigrante*, en colaboración con Magnum Photos y la Comunidad de Madrid.
2008-2009 Realiza la edición gráfica de libros como *W. Eugene Smith. Más real que la realidad*, que obtiene el segundo premio del Deutscher Fotobuchpreis,

Dorothea Lange. Los años decisivos; *Sanfermines*, de Ramón Masats, que cumple su 50 aniversario, y *Chema Madoz, Isabel Muñoz y Català-Roca* para la colección «Obras maestras» de La Fábrica.

2010 Dentro del festival PHotoEspaña, recibe el premio Bartolomé Ros por su trayectoria profesional.

2011 Prosigue como editor gráfico de grandes libros de Ricard Terré y la saga Alfonso, para «Obras maestras».

2012 Obtiene el Premio de Fotografía de la Comunidad de Madrid. El galardón coincide con su decisión de dejar su trabajo en *El Mundo*, para centrarse en la labor de editor, comisario y fotógrafo independiente.

2013 Con motivo de la VIII edición del festival Suma Flamenca en Madrid, realiza una serie de retratos que se expone en *Un patrimonio con duende*, con 33 fotografías de gran formato.
Colabora con la firma Loewe en la realización del libro *Elogio de la cultura*, compuesto de 25 retratos.

2014 Realiza su primera gran exposición antológica, en la Comunidad de Madrid y publica el libro *Chema Conesa. Obras maestras*.

Rosa Montero

Rosa Montero es periodista y escritora. Trabaja en el diario *El País* y ha publicado las novelas *Crónica del desamor* (1979), *La hija del caníbal* (1997, Premio Primavera), *La loca de la casa* (2003, Premio Grinzane Cavour) o *La ridícula idea de no volver a verte* (2013), entre otras. Su obra periodística ha recibido el Premio Nacional de Periodismo en 1981 y recopilada en distintas publicaciones.

Rosa Montero is a novelist and writer. She works at the *El País* newspaper and has published the novels *Crónica del desamor* [Chronicle of Indifference] (1979), *La hija del caníbal* [The Cannibal's Daughter] (1997, Primavera Prize), *La loca de la casa* [The House Madwoman] (2003, Grinzane Cavour Prize) and *La ridícula idea de no volver a verte* [The Ridiculous Idea of Never Seeing You Again] (2013), among others. Her journalistic work received the Spanish National Prize for Journalism in 1981 and is compiled in several different publications.

The Phantasmal Presence of the Elephant

Rosa Montero

When a Flamenco singer or dancer is really good, people say he has *pellizco* [the pinch] ,an eloquent, vibrant expression that has always fascinated me. All art is the effect of this, the intention of pinching a reality that is much greater than we are, a truth that is so enormous that you cannot hold it nor grasp it. At best, you could pinch it; you can try to catch a trace of that substantial colossus between your fingers. Art, after all, means touching the untouchable and seeing the invisible. Art means being an ant able to sense the presence of an elephant.

Photography is a relatively new expressive support, and there are still people who debate up to what point a photo can be a work of art or not. Although the fact is that what is at stake nowadays is the concept of contemporary art itself. For example, Damien Hirst's pitiful cows in formaldehyde, are they art? Or does the fact that someone paid the chilling amount of thirteen million Euros for them turn them into a *respectable artistic object*? Is art another financial bubble nowadays, a purely mercantile convention, an empty showiness, something like Madoff in an extremely pedantic version?

Let us go back to the beginning. Art as a basic need for human beings. The need to express ourselves, to communicate, to go beyond our small lives and our small deaths. Art as an urge to find the meaning of that which has no meaning. I spoke of the invisible above. A true artist aggrandises reality. With his ant-like antennae he captures things that the rest of us can't even smell. Open this book, look at these photos. Look, for example at Chema Conesa's skies. There are few skies in this volume, which is more focused on the human figure; but the few ones that exist are unforgettable. They are skies from the beginning of the world, or the end. Conesa's air is made up of time. Of minutes tick-tocking of lives that open and close in a silent tumult. That can also be felt in his portraits, in the almost tangible wrinkles, in the softness of the skin, in the shadow and trembling of the eyelids. I look at Chema Conesa's portraits and it seems to me that in an instant the whole existence of a character is going to pass before my eyes, like in one of those fast motion documentaries in which one can see a plant being born, growing and rotting in a flash. The mystery of life itself. take your time looking at this book, photo by photo, page by page. I am sure that you will see that there is something deep pulsing beneath it, an underground river of meaning. As if the book were about to reveal something essential to us, a secret that without any doubt concerns us, the phantasmal presence of the element. That is no doubt art.

I have known Chema Conesa for over thirty years. We formed a professional duo for the newspaper El País, when he was the photographer and I was the cub journalist. We made dozens of reportages and interviews, we went to the North Pole with the Inuits and to Paris with Ayatollah Khomeini. I think I have travelled more with him than with anyone in my life, including my husband. We have rowed a lot. We had a car accident together and on another occasion we were miraculously saved from an airplane disaster. What I mean is that we have a past. we grew up together and now we are growing old together. He is my beloved brother.

He has always been a distinguished press photographer, a unique person. He has always had a gaze of his own, which he developed and refined over time. Chema is scrupulous and a perfectionist to the point of it being an obsession, and is both intuitive and rational, which is a fantastic combination for an artist. He is a man capable of spending hours, or perhaps days, thinking about how to take a given photograph. But he can also *see* the photo going by, in a second, like someone who sees the sunbeam that fleetingly appears through a covering of clouds. I've been there with him on many of his work sessions. I've even been there holding a spotlight, or the photometer, or the umbrella that he used to set off the flash. I mean that I was a participant in the same scene, the same perspective, the same landscape. But then, looking at his photos, I have always been amazed: where did he manage to take that picture? Where was that emotional subtext, that spatial depth, that temporal texture that I was unable to feel? For me Chema Conesa has always been like Superman: he has X-ray vision.

As I know him well, I know that he will have felt somewhat ill at ease to be called an artist. Chema has a charming, but above all pathological modesty. The efficient commitment he has had throughout his life in not promoting himself may have resulted in his splendid work not being appreciated as it should. Until now. I should state that even I, who have followed him and admired him for decades, have been amazed when looking at this book. For the first time I have been able to fully appreciate the incredible artistic coherence of Chema Conesa's work, its expressive power, its constant beauty. These are images that possess something extra, a complex and trembling undercurrent. This is not a book of more or less beautiful photos: it is a version of the world. A pinch pulled out of enormous life.

PHoto**Bolsillo**

Director de la colección / Series Editor
Chema Conesa

Coordinación / Coordination
Doménico Chiappe

Diseño original / Original Design
Fernando Gutiérrez

Traducción / Translation
David Alan Prescott

Fotomecánica / Photomecanics
Cromotex

Impresión / Printer
Brizzolis

© de las imágenes / Images
Chema Conesa

© del texto / Text
Rosa Montero

© de la presente edición / Present Edition
La Fábrica, 2014

ISBN
978-84-15691-64-8

Depósito legal
M-343-2014

LA FABRICA

Editor / Publisher
Alberto Anaut

Directora editorial / Editorial Manager
Camino Brasa

Director de Desarrollo / Development Manager
Fernando Paz

Director de Producción / Production Manager
Rufino Díaz

La Fábrica
Verónica, 13
28014 Madrid
Tel.: 34 91 360 1320
Fax: 34 91 360 1322
e-mail: edicion@lafabrica.com
www.lafabrica.com

Una coedición entre / A Coedition Between

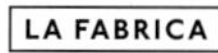

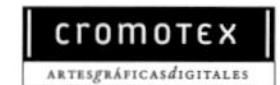

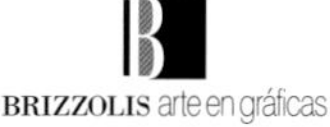

Biblioteca de Fotógrafos Españoles

Xavier Miserachs
Nicolás Muller
Humberto Rivas
Ricky Dávila
Koldo Chamorro
Francesc Català-Roca
Carlos Pérez Siquier
Luis Pérez-Mínguez
Gabriel Cualladó
Javier Vallhonrat
Miguel Trillo
Pilar Pequeño
César Lucas
Fernando Gordillo
Agustí Centelles
Baylón
Isabel Muñoz
José María Díaz-Maroto
Cristóbal Hara
Antonio Tabernero
Alberto García-Alix
Pablo Genovés
Clemente Bernad
Carlos Serrano
Ramón Masats
Óscar Molina
Cristina García Rodero
Pablo Pérez-Mínguez
Joan Fontcuberta
Navia
Ricard Terré
Fernando Herráez
Oriol Maspons
José Ignacio Lobo Altuna
Xurxo Lobato
Genín Andrada
Valentín Vallhonrat
Vari Caramés

Juan Manuel Díaz Burgos
Ferran Freixa
José Antonio Carrera
Manuel Vilariño
Kim Manresa
Rafael Navarro
Toni Catany
Luis Escobar
Marta Sentís
Chema Madoz
Ciuco Gutiérrez
Alberto Schommer
Ouka Leele
Manel Esclusa
Laura Torrado
Ángel Marcos
Ortiz Echagüe
Francisco Ontañón
Carlos Saura
Alfonso
Juan Manuel Castro Prieto
Pep Bonet
Juantxu Rodríguez
Paco Gómez
Virxilio Vieitez
Gonzalo Juanes
Rosa Muñoz
Leopoldo Pomés
José Ramón Bas
David Jiménez
Leonardo Cantero
Jordi Socías
Colita
Alfredo Cáliz
Gervasio Sánchez
Txema Salvans
Matías Costa
Emilio Morenatti
Pierre Gonnord
Ricardo Cases
Sofía Moro

Joan Tomás
Atín Aya
Rafael Trobat
José Cendón
Luis de las Alas
Joan Fontcuberta
Chema Conesa

Biblioteca de Fotógrafos Latinoamericanos

Luis González Palma
Casasola
Marcos López
Cia de Foto
Raúl Cañibano
Javier Silva Meinet

Biblioteca de Fotógrafos Africanos

Jean Depara
Samuel Fosso
Mama Casset
Zwelethu Mthethwa

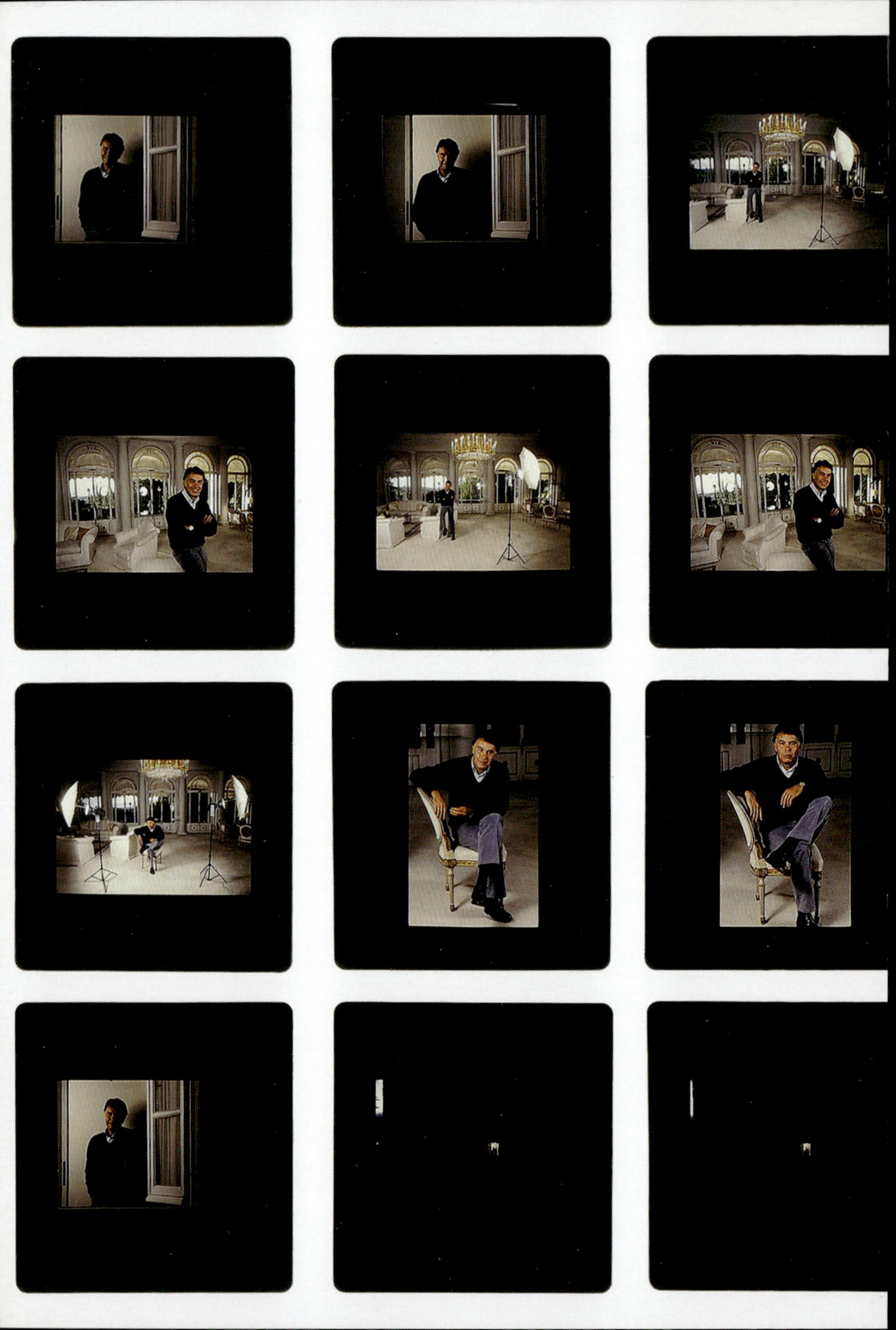